D0168429

LE MAL DE PÈRE

Jean Cléo Godin

LE MAL DE PÈRE

récit

DELBUSSO

Dépôt légal: 2e trimestre 2010
Bibliothèque et Archives nationales du Québec
ISBN 978-2-923792-02-06

« Michèle, ma belle,
These are words that go together well,
I love you, I love you »

Paul McCartney

À Michèle, que j'aime.
Nous allons bien ensemble.

Les crises de notre vie gisent, sombres et indistinctes, au fond de l'océan de la mémoire, comme des bêtes aquatiques flottant dans un obscur univers sous-marin, tandis que certains petits incidents fortuits brillent comme des coraux, nets et luisants, baignés d'une signification qui n'est pas tout à fait la leur.

Frederic PROKOSCH,
Un chant d'amour

DÉPRIMÉ, ME SENTANT incapable d'assumer mes obligations ordinaires, je consulte mon médecin. Je voudrais un antidépresseur, un supplément vitaminique peut-être ; bref, n'importe quoi qui me permette de fonctionner plus normalement. Après vingt ans d'enseignement, j'en suis depuis quelque temps à trembler de peur comme un jeune débutant chaque fois que je dois entrer en classe, et chaque heure de cours est pour moi devenue un cauchemar. Peut-être devrais-je demander un congé de maladie, mais la seule pensée que je devrais alors rendre public mon état dépressif me paraît intolérable. Donnez-moi des pilules, docteur !

Comment en est-il venu à la conclusion que j'avais peut-être moins besoin de médicaments – je sais déjà qu'il n'en abuse pas d'habitude, qu'il est plutôt du genre remède de bonne femme ou médecine douce – que d'une analyse ? Pire, peut-être : un traitement psychiatrique ? Je sors de son bureau pour entrer dans le bureau voisin : celui de la psychiatre qui, me dit-il, va « évaluer mon cas ».

Dès le début de notre entretien, elle me demande de lui parler de mon père. Je lui dis que, pour moi, mon père est comme une page blanche : je n'avais pas encore mes trois ans lorsqu'il est mort, je ne l'ai donc pas connu. Et nous parlons d'autre chose. Quelques minutes plus tard, j'en suis à évoquer de vagues projets d'écriture que je n'ai jamais réalisés. Peut-être, suggérai-je moi-même, parce que l'angoisse de la page blanche me paralyse. Et vlan ! J'ai tout de suite compris quel serait son diagnostic : non pas un traitement psychiatrique, mais une psychanalyse, pour essayer de comprendre enfin ce mystérieux enchaînement qui va du père manquant à un sentiment d'échec qui, à force de miner souterrainement mes énergies, a fini par m'enlever la force de fonctionner.

Cette analyse a duré un an, à raison de trois séances par semaine. Il me semble que j'ai peu parlé de mon père durant ces séances. Je parlais de moi, bien sûr, mais quel ennui ! Plus souvent qu'autrement, j'avais l'impression de radoter, de tenir des propos d'une telle banalité qu'ils me faisaient bâiller. C'était un spectacle qui aurait mérité d'être filmé : moi étendu sur le divan, pendant que derrière moi le psychanalyste ronflait. Plus l'analyse se prolongeait et plus j'avais l'impression de m'enfoncer dans ma propre insignifiance, pendant que grandissait en moi une incroyable agressivité envers le ronfleur assis derrière moi. J'ai interrompu l'analyse au moment où l'envie de tuer le psy allait devenir incontrôlable. Peut-être ai-je raté ainsi une première occasion de « tuer le père »... C'est ensuite, dans l'intimité de mon bureau et portes closes, que j'ai entrepris de noircir la page blanche de mon rapport au père.

LE NOM DU PÈRE

> Un jour cependant, il partit sur les traces de l'absent, le père.
>
> Edem Awumey,
> *Les pieds sales*

UN DEMI-SIÈCLE PLUS TARD, la mort de mon père me rattrape donc alors que, pendant tout ce temps, je me disais que ce père ne m'avait pas vraiment manqué. Comment aurais-je pu éprouver l'absence de celui dont je n'avais conservé qu'un seul souvenir, curieusement resté gravé dans ma mémoire ? Je suis assis dans la cabine d'un camion, entre mon père qui conduit – je ne le *vois* pas, mais je *sais* que c'est lui – et un autre monsieur, probablement plus jeune (pourquoi ai-je ce sentiment ?), et nous nous rendons à quelques kilomètres de chez moi, dans une maison qui ressemble à la nôtre et qui est certainement familière à mon père, puisque nous entrons par la cuisine où je vois, à gauche en entrant, une chaise haute pour bébé. Dans ce souvenir, il y a aussi un chien ; mais était-ce le nôtre ou celui de la maison où nous étions allés ? Je ne pouvais avoir plus de deux ans et demi lorsque j'ai fait ce petit voyage avec mon père et il est pourtant resté imprimé en moi si clairement que j'ai pu, des années plus tard, retrouver cette maison dont l'un de mes frères aînés m'a appris qu'elle appartenait alors à un cousin que je n'ai jamais connu, un cousin qui travaillait avec mon père.

À cet unique souvenir s'en est rajouté un autre qu'on m'a si souvent rappelé que j'ai fini par le faire mien, en m'étonnant que j'aie pu oublier un si joli mot d'enfant. Mon père est mort le 1er août vers six heures du matin et je suppose que, à cette heure-là, je dormais encore. Mais à cet âge – j'allais avoir mes trois ans douze jours plus tard – la mort est-elle autre chose qu'un long sommeil ? On pleure si on a faim ou soif, mais on ne pleure pas la mort d'un père parce qu'on ne sait pas encore ce que c'est que la mort et, sans doute, on commence à peine à dissocier la figure du père de celle, nourricière et infiniment plus familière, de la mère. La vie, pour moi, continuait au rythme implacable et apaisant des repas. Sans doute ne me suis-je pas étonné de l'absence de mon père au petit déjeuner, mais le midi, si. Et j'ai demandé qu'on garde de la soupe pour « quand papa se réveillera »... Charmant mot d'enfant, oui, et que je rapporte entre guillemets comme si je citais quelqu'un d'autre. Un autre qui dit *papa* pour la première et unique fois, car je n'ai jamais pu dire autre chose que « mon père » lorsque j'en parlais avec des membres de la famille. C'est comme si le fils était mort en même temps que le père et, comme j'étais très entouré et aimé non seulement par ma mère mais aussi par mes nombreuses sœurs et mes nombreux frères aînés – je suis né un 13 et j'étais le treizième – , je n'ai jamais senti qu'il me manquait quelqu'un. Je veux dire que l'absence du père, je ne l'éprouvais pas comme un manque, comme quelque chose qui faisait de moi une sorte d'infirme.

Mes frères plus vieux faisaient, certes, figure de pères. Non pas Henri, l'aîné, qui s'est aussitôt porté volontaire pour aller à la guerre qui venait de se déclarer en Europe – nous sommes en 1939 – un mois après la mort de mon père ; lorsqu'il est revenu, six ans plus tard, c'était comme si je le voyais pour la première fois et je le percevais comme un cousin, non comme un frère. Le rôle paternel, il revenait plutôt à Hypolite, qui était mon parrain et qui, à son mariage quelques années plus tard, a choisi de vivre dans la maison paternelle, une maison construite par l'un de mes ancêtres et transmise, toujours, de père en fils. C'est lui, je m'en souviens, qui m'a offert ma première bicyclette et je revois encore sa joie à me voir faire mon apprentissage. La première bicyclette d'un garçon, c'est une sorte d'initiation : on ne devient pas encore grand, mais on sort de la petite enfance. Ce père-là, qui m'aimait tant, il m'aurait sans doute suffi si les circonstances n'avaient pas fait que j'en fusse éloigné dix mois par année, car j'allais bientôt suivre ma mère à Montréal, où se trouvaient déjà la plupart de mes frères et sœurs. En fait, j'avais précédé ma mère et mon frère Georges d'une journée, ce qui rendit pour moi le départ plus déchirant. Je me revois encore faisant seul, à pied, ma petite valise à la main, le chemin séparant sur quelques centaines de mètres notre maison de celle où je devais rejoindre une amie de la famille pour faire avec elle le voyage en train vers Montréal : je regardais en pleurant les beaux peupliers lombards longeant la maison de Léo, je regardais de l'autre côté la mer, en me disant que je voyais tout cela pour la dernière fois de ma vie ! Après ce déménagement, vécu avec tant d'émotion comme un arrachement violent au monde de l'enfance, je ne suis revenu chez Hypolite (ce n'était plus vraiment « chez moi », désormais) que pour les vacances scolaires.

Pendant quelques années encore, ces vacances m'ont permis de renouer avec ceux qui auront sans doute été mes seuls amis, ceux avec qui j'ai grandi : Gérald, Raymond et, surtout, Clovis, l'inséparable compagnon de jeux, le complice de tous les mauvais coups. J'aimais beaucoup son père Émile, un jovial charpentier dont je sentais la surveillance discrète et aimante et qui, je le savais, s'amusait beaucoup de nos folles entreprises, qu'il racontait ensuite à Hypolite. Je me dis maintenant que c'est d'abord en lui que j'aurais dû trouver la figure paternelle qui me manquait. Et pourtant, c'est plutôt au père de Raymond, Léo, que cela revenait, même si les occasions de le rencontrer étaient plutôt rares : travaillant sur la voie ferrée, il ne rentrait à la maison que les samedis et dimanches. Mais ma mère m'avait raconté que Léo avait accompagné mon père durant toute son agonie et qu'il était à son chevet lorsqu'il est mort. Cela suffisait sans doute, dans mon esprit, à en faire une sorte de prolongement de mon père. Ses absences prolongées elles-même l'associaient à lui en auréolant sa figure d'un prestige que ne possédait pas Émile et rendant plus précieuses les rares occasions que j'avais de le cotoyer. Un jour de grande chaleur estivale, il nous avait accompagnés au bord de la mer, où il s'était assis sur une souche pour se déshabiller et, le plus discrètement possible, enfiler son maillot de bain. Étant un peu derrière lui, j'avais alors vu ses fesses, ce qui me fit aussitôt éprouver un sentiment de culpabilité. Sans le savoir, je venais d'être confronté à une scène impliquant, dans les vieilles sociétés, un tabou qu'il faut respecter et que – par mégarde ou par curiosité, je ne sais – j'avais enfreint: mais je sais que j'ai ressenti clairement, à ce moment-là, toute l'inconvenance qu'il y avait, pour un fils, à voir la nudité du père.

La mort de mon père est pour ainsi dire inséparable, pour moi, de celle de mon frère André survenue trois ans plus tard. Or, comme j'avais alors six ans, j'en ai gardé un souvenir beaucoup plus vif. Je me souviens surtout que le jour où la nouvelle du décès nous est parvenue, Clovis était venu me chercher pour jouer. Sans savoir encore bien ce qu'était la mort mais ayant vu la grande tristesse de ma mère, je sentais qu'il serait inconvenant de s'amuser, car cela nous amènerait à rire alors qu'il faudrait plutôt pleurer. Nous sommes donc restés assis, longtemps, tous les deux, sur la première marche de l'escalier conduisant à l'étage. À parler à voix basse, sans même se regarder, sachant l'un et l'autre que nous étions confrontés à une chose grave à laquelle rien ne nous avait préparés mais qui nous obligeait à déroger à nos habitudes insouciantes d'enfants heureux. Peut-être ai-je alors commencé à prendre conscience de la mort, comme absence et présence tout à la fois, car si l'image de mon père se limitait pour moi à une mauvaise photo prise quelques mois avant sa mort, celle de mon frère André, avec son beau visage de tuberculeux mort à dix-huit ans, s'imprimait en moi comme une incarnation charnelle de la mort.

Le choc du nom

Tout ce qui me reste de mon père, c'est cette mauvaise photo d'un homme à l'air bougon, sans doute rongé déjà par son cancer, contre les bardeaux gris de la maison, et qui me fixe étrangement, comme avec un certain dépit. Il y a plus de cinquante ans de cela et, à cause de cette photo, j'ai parfois l'impression qu'il faut encore garder la soupe prête. Je ne sais même pas pourquoi je la garde, contre une bibliothèque de mon bureau, alors que la photo de ma mère, elle, est rangée quelque part dans un tiroir. Elle est morte aussi, mais elle a attendu d'avoir l'âge et je l'ai vue vieillir. Lui, on lui donnerait plus de soixante ans sur sa photo alors qu'il n'en avait pas cinquante ; dans son petit cadre à la vitre cassée, il vieillit avec moi. Maintenant que j'ai plus que son âge, j'ai compris qu'une obscure superstition me faisait craindre de mourir moi aussi avant d'atteindre le demi-siècle. Du même coup, j'ai compris aussi que je voulais le dépasser, faire mieux que lui, ne pas laisser derrière moi de jeunes enfants qui n'auraient de leur père que des souvenirs rapportés. Dans le seul souvenir que je garde de lui, je peux retrouver encore, en fermant les yeux, la sensation de bercement du camion en marche, l'odeur du chien à mes côtés et les cinq kilomètres de route longeant la mer sur notre droite. Mais je ne retrouve pas le regard de mon père, ni sa voix, ni son odeur. Combien de fois, plus tard, me suis-je surpris à regarder mes frères aînés comme un fils peut regarder son père ? La ressemblance physique, je savais qu'il fallait la chercher chez Lionel, dont on m'a trop souvent répété qu'il avait, de lui, jusqu'à la légère claudication. Mais pour le reste, lequel aurait pu le remplacer pour la qualité du sourire, la rigueur morale (car il était, paraît-il, intraitable pour certaines choses), ou pour une certaine sagesse qu'on associe à la figure paternelle ? À la vérité, cette quête ne pouvait qu'être vaine et le modèle recherché, fuyant. En ce sens, je suis né de père inconnu...

Je n'ai pas sitôt écrit cette dernière phrase que je me sens coupable d'une sorte de lèse-paternité sacrilège. Oui, je joue sur les mots et je sais très bien que je force le sens, mais je ne triche pas : c'est moi qui suis dans l'inconnu dans le noir, dans le questionnement. Je suis le fils inconnu, d'un père que je ne connaîtrai jamais. Ça ne m'a pas empêché de connaître l'amour ni le bonheur de fonder à mon tour une famille et de passer des années sans même penser à mon père. M'est-il arrivé, par exemple, de rêver à lui ? Quand j'étais tout petit, peut-être, mais je ne m'en souviens pas. C'est plutôt comme une résurgence profonde. Ce que je n'arrive pas à comprendre, c'est que ça devienne de plus en plus envahissant, voire obsédant, au fur et à mesure que je vieillis. Est-ce cela (déjà !) retourner en enfance ?

Quand j'y réfléchis, j'ai l'impression de quelque chose qui sort progressivement de l'*oubli*. Littéralement, oui : de l'oubli. Je m'en suis rendu compte pour la première fois d'une drôle de manière. Le dernier de mes fils avait un an, je l'avais baptisé Nicolas parce que c'était le prénom à la mode et que j'aimais bien. Comment ai-je pu ne pas penser que je donnais à mon fils le nom de mon père ? Sans doute une sorte d'acte manqué freudien. Il aura fallu la visite de ma nièce Nicole – l'aînée de mes nièces et dont je n'avais jamais saisi, non plus, que son nom honorait la mémoire de mon père – pour que j'en prenne conscience brutalement. Nicole me demanda si ma belle-mère s'appelait Isabelle, qui est le nom de la jumelle de mon fils. « J'ai pensé, me dit-elle, que vous aviez donné au garçon le nom de son grand-père paternel et à la fille celui de sa grand-mère maternelle. » C'est à ce moment-là seulement que, en moi, le lien s'est fait, brutalement : j'étais pris en flagrant délit (en tous les sens du terme) d'inconscience, une inconscience coupable. Je pouvais offrir comme excuse (ou comme explication) le fait que, dans mon Acadie natale, Nicolas s'écrivait et se prononçait à l'anglaise, ce qui fait que je n'avais jamais entendu mon père désigné autrement que comme « Nicless ». Le choc provoqué par cette prise de conscience n'en a été que plus violent, si fort que certaines ondes continuent de m'ébranler, trente ans plus tard. Le choc du nom du père...

Mais que faire avec un père qui dort, comme une sorte de Rip Van Winkle éhonté, fuyant dans le sommeil ses responsabilités de père ? Comment faire, surtout, pour tuer le père et s'assurer ainsi de pouvoir atteindre sa propre maturité d'homme ? Comment grandir quand le destin m'a fixé devant un bol de soupe, dans une enfance de trois ans dont je ne sais plus que faire à soixante ? J'ai beau tourner et retourner la question, j'en reviens toujours à ce sommeil inamovible, mais qui n'est pas éternel, à cette mort qui n'aurait pas dû survenir et qui, pour moi, n'a pas vraiment eu lieu parce que je ne l'ai pas vécue. À la place, j'ai rencontré le sommeil, qui ne me lâche pas depuis lors et dans lequel, moi aussi, je me réfugie si volontiers, comme pour fuir dans un autre monde, dans un Éden de la mémoire et de la conscience ou dans un nirvana qui ressemblerait à la mort, mais aussi à la fuite. C'est peut-être pourquoi j'ai souvent fait des rêves où je dois fuir, je veux fuir mais mes genoux résistent, ils sont comme entravés et chaque mouvement de la jambe ressemble à un mouvement de cinéma filmé au ralenti. Pourquoi ne puis-je jamais courir à ma pleine force, toute liberté conquise et dans un épanouissement total du corps ? Peut-être faudrait-il savoir, tout d'abord, pourquoi et qu'est-ce que je cherche à fuir.

* * *

Quand mon père est mort, ma mère était à nouveau enceinte et ne le savait pas. Il paraît que déjà, à ma naissance, mon père avait suggéré que je pourrais bien être le dernier – c'est d'ailleurs pourquoi j'ai hérité du prénom du plus jeune de mes oncles paternels, prénom que j'ai très tôt détesté, le voyant comme un handicap, une sorte de vieillissement prématuré ; un mauvais héritage que me laissait mon père, puisque c'est lui qui m'avait nommé – et ma mère aurait été bien d'accord ; sans doute est-ce aussi pourquoi elle a répété avec tant d'insistance, toute sa vie, que j'étais le « bébé des garçons » – un bébé chouchouté qui se voyait, dans ses yeux, comme l'objet des infinies tendresses encore en réserve après tant de maternités et qui pouvaient se concentrer sans pudeur sur ce dernier bébé.

Mais il y eut après moi deux autres grossesses. D'abord un garçon mort-né : s'il avait vécu, j'aurais perdu mon titre de « bébé des garçons » ! Et je frémis à la pensée que ma mère, qui ne cachait jamais sa prédilection pour les garçons, aurait sûrement diverti sur lui l'affection qu'elle me destinait... Six mois après la mort de mon père, ma sœur naissait, le jour de la Chandeleur 1940. Tant de choses avaient changé durant ces six mois et c'est le monde entier, avec ma mère, qui portait le deuil : contre la guerre qui s'était déclarée dans la vieille Europe, la pauvre petite flamme d'une chandelle ne pouvait apporter ni grande lumière ni grand réconfort. Déjà trois de mes frères aînés s'étaient portés volontaires « sous les drapeaux » – quel atroce euphémisme pour parler d'une boucherie –, parce que cela apporterait à ma mère le soutien financier dont elle avait un absolu besoin pour nous nourrir, nous les oisillons encore au nid. L'aîné allait bientôt traverser l'Atlantique pour aller se battre et ne revenir qu'à la fin de la guerre.

Ma sœur aurait mérité mieux, certes, que ce climat de quasi clandestinité et de misères. Pour ma mère, c'en était un peu trop et, pour la première fois de sa trop longue carrière de mère, elle eut besoin d'aide. C'est ainsi que s'installa à la maison une grosse infirmière retraitée et anglophone que nous n'avons jamais appelée autrement que « la grosse Baxton ». Je crois qu'elle m'aimait beaucoup mais moi, aujourd'hui encore, je crois que je la déteste. C'est que la chère dame, qui occupait ses loisirs à tricoter, avait décidé de me tricoter un chandail en grosse laine de couleur brun chocolat. Le tricot terminé, je dus l'enfiler, mais le col était trop étroit et la tête ne passait pas bien. À chaque essayage, je me mettais dans une rage folle – peut-être pas les premières de mon existence, mais les premières dont je me souvienne – qui ne semblait qu'augmenter la détermination de ma grosse bienfaitrice, qui redéfaisait et refaisait jusqu'à ce que la tête finisse par passer. Pour en avoir éprouvé un tel ressentiment, il fallait certes que j'associe ces essayages aux douleurs de la naissance ; et pour rien au monde je n'aurais voulu naître de cette mère-là ! Depuis lors, j'ai toujours eu en horreur les chandails au col rond ; surtout les bruns...

Naître mort

Été 1936. Le 14 août, à Owensboro, Kentucky, vingt mille personnes assistent à la dernière exécution publique de l'histoire américaine. La veille au soir, sous une pleine lune presque mauve et cernée de gris, je naissais dans une maison centenaire de Petit-Rocher, presque au bord de la rivière aux Ormes. Mon univers était chaud et rond, et si éloigné de tous ces bouleversements qui se précipitaient et s'accumulaient partout dans le monde. Le 6 février s'étaient ouverts à Garmisch-Partenkirchen les Jeux olympiques d'hiver ; Adolf Hitler et Rudolf Hess étaient dans les gradins du stade. Six mois plus tard, c'étaient à Berlin les « Jeux de la honte » qui servirent de répétition générale à un autre grand spectacle, à des stratégies plus meurtrières.

Au Québec, c'est en 1936 que Bombardier connaît ses premiers succès avec ses prototypes de motoneige et, en août de la même année, Maurice Duplessis prend le pouvoir pour la première fois. Sur la côte de la Gaspésie, de l'autre côté de la Baie-des-Chaleurs, un drame se préparait à Griffin Creek, drame qui connaîtra son dénouement sur le chemin de la Côte-des-Neiges à Montréal cinquante ans plus tard ; cette année-là, depuis la fenêtre de mon bureau à l'Université de Montréal, je pouvais presque apercevoir l'emplacement de la sordide maison de chambres où se termine le destin de l'assassin. Et le 13 août 1936, comme Stevens Brown le soir de la barn dance, je prenais moi aussi ma place dans la chaîne des hommes et dans celle des femmes. Mais j'ai tout ignoré, cet été 1936, des bouleversements qui agitaient le monde ou qui s'y préparaient, comme des chefs-d'œuvre littéraires qui s'y enracineraient et qui verraient le jour à Montréal ou à Paris. Pourtant, l'Allemagne est de l'autre côté de cette mer qui commençait, pour moi, à la Baie-des-Chaleurs et j'ai même vu, dans mon enfance, des vétérans de la Première Guerre mondiale monter la garde sur la côte, sans voir le ridicule de la situation – car qu'auraient pu faire leurs mauvais fusils contre des sous-marins allemands ?

Je n'en avais pas conscience, mais la mort m'encerclait de toutes parts. C'est comme si j'étais mort-né. Mort sans avoir vécu, avant d'être né : petit corps de chair inerte, voué à l'inexistence et sans identité. J'anticipe de peu la mort de mon père, comme si je n'étais parvenu au seuil de la vie que pour y renoncer et annoncer les morts qui allaient suivre : celle de mon père d'abord, celle de mon frère André trois ans plus tard.

Naître mort, c'est reculer pour l'éternité dans la vie intra-utérine, dans le ventre chaud où je gigote sans rien voir. Toute ma vie est faite d'automatismes de ma chair, je tourne et retourne sur moi-même en explorant un chaos liquide où je me noie sans le savoir, où j'avale goutte à goutte ma mort envahissante. Plutôt ne pas vivre que de quitter cette jouissance excessive et lancinante qui ne connaît ni rupture ni répit. Comblé de ce qui me nourrit sans avoir à chercher une pâture, tétant comme de l'intérieur un sein chaudement refermé sur moi et sur moi seul, qui ne souffrirais aucun partage, qui ne tolérerais surtout pas de partager mon énorme mère. Je tuerais même celui de mes frères qui voudrait me remplacer.

Ce qui me gêne le plus – à vrai dire, c'est même la seule chose qui me gêne ; tout le reste est accessoire, sans importance –, c'est d'être condamné à l'anonymat. Personne (même pas moi) ne saura jamais m'appeler par mon nom, je serai à jamais une chose, moins qu'un corps, à peine plus qu'une pierre qui, elle, ne pourrit pas. Pourtant, j'existe comme autour et au-dessus de cette étrange masse putrescible, comme un fantôme de ce que j'aurais pu être, un esprit platonicien qui de temps en temps s'incarne et grandit au rythme qui aurait dû être le mien, qui pleure et qui souffre mais qui se réfugie aussi, lorsqu'il le faut, dans son inexistence fantomatique. En somme, je suis tantôt mort et tantôt vivant, j'use de la mort comme d'un refuge, d'un abri, d'un lieu de repli. Il me reste à hanter mon existence, à tricher constamment avec la vie parce que je ne peux tromper la mort. La liberté est trop incertaine, trop angoissante, trop exigeante ; je la refuse et, du même coup, renonce à savoir jamais qui je suis...

Le plat pays

Mon pays natal est étroit et presque plat, entre mer et forêt, allongé sur une bande de terre coupée dans le haut par la voie ferrée et, dans le bas, par la rivière. Notre maison était située entre la maison de Gertrude et celle de Léo. En fait, toutes les maisons étaient disposées en ligne bien droite le long d'une route de terre qui rejoint le chemin du roi, lequel longe la mer et relie mon petit monde natal au reste du pays. Mais l'au-delà où on peut aller compte pour si peu, au regard de l'au-delà dont on peut rêver. Moi, j'ai eu le sentiment de naître dans une maison chaude placée au cœur d'un espace à la fois bien délimité et infini. Par en arrière, de l'autre côté de la voie ferrée, notre terre se terminait au trécarré où il y a un grand champ de fraises au début de l'été, avant de se perdre dans une forêt de frênes, d'érables et de sapins où on ne peut s'aventurer que l'hiver et qui va si loin qu'on ne saurait sûrement jamais en voir le bout. Par en avant, la mer s'ouvre véritablement sur l'infini puisque c'est de là que vient le soleil qui, en se levant, s'étale en miroitements blancs et rouges sur toute la mer jusqu'à notre côte. On pourrait dire que mon pays est un lieu de passage de l'infini : il arrive par la mer et repart par la forêt.

C'est évidemment la mer qui m'a fasciné le plus, parce que je m'éveillais avec elle comme si, en s'étirant bien loin sur les vagues, les premiers rayons du soleil venaient jusqu'à ma fenêtre de l'étage pour me réveiller. Longtemps, c'est-à-dire toute mon enfance, je me suis éveillé de bonne heure pour admirer la danse du soleil sur la mer...

Pourtant, jamais je ne me suis aventuré en bateau sur cette mer. Faute de bateau ? Peut-être. Avant ma naissance, mon père en avait un avec lequel il faisait une pêche de subsistance. Je l'ai vu, ce bateau. Ou plutôt son épave pourrissante, couchée à l'envers sur le sable, qui traînait encore sur la côte lorsque j'allais nager. Très jeune, j'ai su que c'était le bateau de mon père, et de le voir en cet état a dû créer en moi une crainte de la mer. J'ai su très tôt, certainement, que la mer pouvait être dévoreuse : « et d'un cruel naufrage, ils subirent le destin... » dit la chanson qui dit aussi « Ainsi parlait mon père ». Un jour, la marée a même rejeté la carcasse d'un cheval qui s'était, disait-on, noyé en Gaspésie. Pendant la guerre, c'est l'arrivée des Allemands qu'on craignait. C'était donc dire que par cette mer d'où surgissait le soleil pouvait surgir aussi toute la violence du monde. J'y pensais parfois, en voyant passer au large de grands *steamers*. La mer, je la regardais de loin et c'est ainsi qu'elle était belle et attirante. Pour jouer dans l'eau, il y avait la mare aux grenouilles et la rivière.

Nid de poule

À la campagne, il y a toujours des animaux. Il ne restait plus, sur notre ferme, qu'un vieux cheval, une vache et un veau, un cochon et des poules. Aussi, lorsque j'étais encore très jeune, un chien : un superbe colley très intelligent capable d'aller chercher les vaches tout seul et qu'on attelait l'hiver, paraît-il, pour mon plaisir. J'aurais donc dû m'attacher particulièrement à ce chien, en conserver une affection particulière et pour ainsi dire nécessaire pour les chiens. À la rigueur, un amour des chevaux, même si le nôtre était visiblement très fatigué et que nous ne le conservions que parce que l'un de mes frères ne pouvait s'en détacher. Ou même les grenouilles ; mais si je les pourchassais avec mes copains, c'était pour leur faire subir d'atroces tortures...

Non, je dois à la vérité d'avouer que l'animal qui m'a le plus marqué dans mon enfance, c'est le plus sot : la poule, qui pond ses œufs n'importe où, qui passe sa vie à donner des coups de bec sur n'importe quoi et qui ne sait même pas marcher droit. Lorsqu'une poule est pourchassée, elle s'enfuit en battant des ailes, ce qui est normal. Mais lorsqu'elle se sent perdue, elle a ce geste absurde de se figer sur place, comme si elle voulait s'enfoncer dans la terre, ce qui est la meilleure façon de se laisser prendre. Absurde ? Oui, mais je suis comme ça, dès que je me sens traqué je deviens comme paralysé, je fais comme si je n'existais plus. C'est aussi déraisonnable, sans doute, que de se croire devenu invisible parce qu'on porte des lunettes de soleil, mais j'ai connu des gens comme ça... Comme la poule, je fuis par en dedans, par en dessous, et j'espère que le péril va se dissoudre. Pensée magique, nid de poule... Si je m'identifie moins facilement aux coqs, c'est qu'il y en avait peu dans notre poulailler. Et je n'ai découvert que beaucoup plus tard, en lisant Detrez, qu'on pouvait trouver au coq (wallon ou gaulois) des charmes ambigus...

Cette image de moi figé m'obsède et me terrifie, car elle me paraît contenir ma névrose latente. Combien de fois ai-je eu le sentiment de m'immobiliser, ne sachant que faire ni penser, et observant d'autant mieux mon double qui se détache alors de moi pour accomplir toutes les tâches qu'on m'a assignées, qui fonctionne tel un somnambule, un zombie. « Je est un autre » : la formule rimbaldienne n'est pas, hélas, que poésie, elle désigne un mal de vivre insoutenable, une angoisse destructrice. Et si ce double qui se détache de moi comme une ombre allait commettre l'irréparable ? Il m'arrive de m'observer moi-même donnant un cours. Oui, je m'écoute parler, je vois dans les regards des étudiants un intérêt variable que je m'ingénie à stimuler, à éveiller et à entretenir, mais en craignant toujours un écroulement, un éclat de rire phénoménal, un rejet équivalant à un arrêt de mort. Le cours terminé, je récupère mon double, mais jamais sans malaise. Certains jours, j'ai l'impression de ramener en moi un étranger.

La rivière et les saisons

Si j'ai tant aimé la rivière, c'est qu'elle ne demandait pas à être aimée : elle coulait, elle coule, elle coulera encore longtemps. Encore est-elle de ces rivières si peu profondes qu'on se demande presque chaque été, au plus fort des chaleurs sèches et quasi rituellement, si un jour elle ne cessera pas de couler, comme ces oueds du Maghreb qui ne coulent qu'au printemps.

C'est ma rivière, parce que j'y ai appris à nager et à patiner. Et l'hiver de mes dix ans, la rivière m'a appris que je n'étais pas un héros. Nous jouions, mon frère Georges, le voisin Raymond et moi, au hockey avec une rondelle de fortune – l'un de ces blocs de bois mou qu'on mettait au bout des rouleaux de linoléum – et des manches à balai, sous le pont. Il y a à cet endroit une fosse assez profonde pour y nager et, tout juste en amont, un petit rapide juste assez fort pour ne pas geler durant l'hiver. Est arrivé ce qui devait arriver : la rondelle s'arrêta juste au bord du rapide, là où la glace était trop mince pour soutenir même un garçon de dix ans. Raymond, plus fanfaron que mon frère et moi, décida d'aller récupérer la rondelle, la glace céda sous son poids et il disparut sous la surface. Je n'étais pas assez bête pour ne pas reconnaître le scénario classique des jeunes héros, qui doivent alors risquer leur vie pour sauver celle des Raymond fanfarons ! Mais Georges et moi reculâmes d'un commun accord, retenant notre souffle, jusqu'à prendre appui sur la base du pont, chacun de son côté. Et Raymond fut sauvé, peut-être par notre inaction : il se laissa faire et la rivière, que notre plouc aurait pu déranger, se contenta de faire remonter Raymond par la simple pression des eaux, et il se retrouva sans y penser les deux coudes prenant appui sur la glace dure. Claquant des dents si bien qu'il n'y avait pas moyen de lui faire raconter son extraordinaire descente aux enfers, mais vivant. Raymond sauvé des eaux. Comment oublier une aventure aussi dramatique où se mêlaient le contentement d'avoir échappé à la mort – à la pire de toutes les morts, a écrit Bachelard – et le sentiment d'avoir raté une belle occasion de devenir un héros...

La couleur de la rivière me fascinait et, parfois, me troublait. Dans ses plus beaux moments, elle était d'un bleu acier, couleur froide mais sereine et pacifiante, pour ainsi dire domestiquée. Pourtant, au moindre frisson du vent, elle prenait plutôt des teintes sombres où se mêlaient curieusement et comme une menace le noir et le jaune. Une rivière nocturne mêlée de soufre. Inexplicablement, cela me suggérait que ce cours d'eau étroit et si peu profond qu'on pouvait le traverser à gué à plusieurs endroits, l'été, devait communiquer directement avec les profondeurs des enfers. L'hiver, sous les glaces portantes, la rivière ne pouvait qu'être maléfique, sombre repaire de la mort.

Il fallait donc rester à sa surface, comme ces extraordinaires « araignées d'eau » qui marchaient littéralement sur l'eau, se déplaçant comme des crabes dans toutes les directions, mais avec une légèreté et une rapidité que je n'ai évidemment vues chez aucun crabe. Elles se tenaient surtout sur la petite fosse près du bord, précisément celle où j'ai appris à nager. Je devais avoir cinq ou six ans. La technique d'apprentissage, chez nous, était simple : un aîné nous jetait à l'eau et il fallait se débrouiller. On nous disait de faire comme les grenouilles, nous avalions un peu d'eau, mais nous apprenions rapidement, sachant par ailleurs que, en cas de besoin, le grand frère ou la grande sœur tendrait le bras pour nous sortir de la fosse. J'ai fait aller mes bras et mes jambes comme j'avais vu faire les grenouilles de l'étang, j'ai appris à nager et, depuis lors, la natation est demeurée un besoin presque quotidien. L'eau me rassure, me porte et me réconforte et le sentiment de légèreté qu'elle me procure, je suis sûr qu'il me vient des araignées d'eau qui, plus que les grenouilles, ont présidé à mon apprentissage. Mais à d'autres les plaisirs de la plongée ; moi, je glisse à la surface des eaux.

Dieu le Père ?

J'ai été un enfant sage, soumis, « aimant Dieu » comme on dit ; plus tard, même, mystique, avec des ferveurs tellement gratifiantes, si exaltantes ! Il était sans doute dans l'ordre des choses que, au moment de choisir une carrière, je veuille devenir un « Révérend Père » : le choix idéal pour qui n'a pas connu et fuit la paternité réelle. Sublimation, négation du corps, quête des béatitudes célestes qui permettraient de mépriser les besoins matériels et les pulsions de l'instinct : les « bas instincts », nous avait-on appris.

Comme beaucoup d'enfants de ma génération, j'ai paraît-il joué à dire la messe, face à une petite table transformée en autel. Cela aussi, c'est un souvenir qui a curieusement fui ma mémoire, si bien que je me demande s'il n'a pas été inventé par ma sœur Rita qui me l'a raconté. Mon plus lointain souvenir, c'est sans doute d'avoir « marché au catéchisme » pour la préparation de la première communion. L'église étant à trois kilomètres de la maison, pas étonnant que ce souvenir m'ait marqué : pour de petites jambes de six ans, la distance paraissait considérable et l'exercice plus que méritoire. En même temps, tout à fait conforme au modèle de la formation difficile, du sacrifice à faire pour mériter la sainteté. J'ai été à cette dure école qui fait les saints... ou les damnés.

Je me souviens de ma première confession, parce qu'elle est en quelque sorte liée à deux images paternelles : le bon et le méchant père. Il y avait le curé Lanteigne, mégalomane et ventripotent, dont j'avais très peur. Et il y avait le bon père Savoie, dont je savais qu'il m'avait baptisé et que j'aimais beaucoup. Le problème, c'est qu'il faut pour se confesser entrer dans un confessionnal sombre où on ne voit pas le visage du prêtre. Attente terrible pour l'enfant que j'étais et qui, craignant par-dessus tout de se trouver dans le confessionnal du méchant curé, se l'imagina et se mit à sangloter. Lorsque vint mon tour et que je reconnus le bon père Savoie de l'autre côté de la grille, il était trop tard et je ne contrôlais plus mes larmes. Le bon vicaire vint me chercher et me fit asseoir sur ses genoux, où je fis ma première confession. Touchant souvenir ?

C'est pourtant la confession, justement, qui a commencé à refroidir mes ardeurs religieuses. En grandissant et sans bien savoir pourquoi, ce rituel de l'agenouillement et de l'aveu m'a répugné. Rituel répétitif, plus narcissique qu'efficace et, surtout, d'un masochisme à faire vomir. Comment peut-on respecter une religion qui vous demande de battre régulièrement votre coulpe (voyez comme je retrouve le vocabulaire idoine !) en chapeautant la confession, à chaque fois, par la formule *mon père je m'accuse* ? À faire frémir, quand on y pense. Pas étonnant que j'aie mis tant de temps à démêler l'écheveau de l'image paternelle. On me faisait apprendre le *Notre Père* en me disant que c'était la prière la plus belle et en m'expliquant que ce père était le meilleur de tous. Mais par la pratique de la confession, on imprimait en moi l'image d'un père dominateur et punisseur : un Dieu père Fouettard. Je ne sais pas ce que pouvaient en faire ceux qui avaient un père à mettre en balance. Moi qui n'en avais pas, je subissais sans réfléchir – et sans révolte – cette domination dont le caractère ne m'est apparu insupportable que lorsque je me suis aperçu que, en devenant prêtre, je serais à mon tour le représentant de ce Père à qui on viendrait dire la formule rituelle. J'en ai ressenti une insupportable nausée qui me rattrape encore, parfois, comme un relent angoissant d'un destin raté. Ce père était trop présent, il aurait fait de moi un fils raté. Au nom du père, du fils...

Mais comment se débarrasser du *vertige* éprouvé à se voir inscrit dans une interminable « chaîne des pères » qui remonte jusqu'à Dieu et se prolonge dans sa descendance ? Je tourne véritablement en rond, prisonnier d'une filiation paternelle jamais démêlée, toujours en manque de réalisation, jusqu'à ce que je réussisse un jour à m'engendrer moi-même. Je serai mon propre père et je le créerai à mon image et à ma ressemblance. Brisée la chaîne, disparu le vertige du châtiment appréhendé.

Certes. Comment faire, pourtant, pour trouver et fixer ma ressemblance ? Car un miroir ne suffit pas à refléter tout l'être : comme le regard des autres, il ne voit que la surface, que l'apparence. C'est ainsi que l'on vieillit dans le regard des autres, qui ne voient, comme disait jadis la philosophie thomiste, que les « accidents » et non l'essence. Celle-ci est à l'intérieur : c'est le moi que je vois. Avec mes rides et mes cheveux blancs, on me donne mon âge. Pourtant je sais, *moi*, que je n'ai pas encore trois ans. Le père que je veux créer, c'est à cette image que je le ferai et il sera tellement plus beau et plus vrai que ce père au visage fermé adossé au mur de bardeaux gris dont je garde la vieille photo accrochée sur le côté de ma bibliothèque. La vitre est cassée, déjà ; c'est toute la photo qu'il faut maintenant détruire, effacer, anéantir, *oublier*. Qu'il meure enfin, après un demi-siècle de sommeil ! Et moi, je reposerai peut-être en paix.

Je suis déjà en paix. Étrange sentiment de bien-être qui m'envahit d'un seul coup, qui m'allège et me libère. Mon père est enfin mort et c'est moi qui l'ai tué. Moi, je veux vivre. Je veux dissiper ce brouillard qui recouvre mon esprit et qui, déjà, se lève. Je vois clair et je respire mieux. Comme si je m'éveillais pleinement d'une longue somnolence...

Se pourrait-il vraiment que ma vie se détache *aujourd'hui* de celle de mon père ? Il sera happé par les profondeurs glauques de la rivière aux Ormes, dans les enfers de la mort froide. Moi je me déplacerai avec une liberté et une légèreté totales sur les eaux. Et je pourrai me rendre, si je le veux, jusqu'à la mer.

Là, bien sûr, c'est une autre histoire et l'on ne survit pas si l'on reste un enfant. Je l'ai appris un jour d'été où je m'étais aventuré avec Raymond (décidément, avec lui, on vivait dangereusement !) le plus loin que nous pouvions marcher à marée basse. Nous avons fait demi-tour au moment où nous avions tout juste la bouche hors de l'eau, mais la marée venait elle-même de commencer à monter et elle progressait plus vite que nous vers le rivage. Si bien que le retour, nous l'avons vécu comme une angoissante course contre la mort, une fuite devant cette marée qui nous rattrapait et nous devançait sans cesse et qui, si nous tentions de nager, nous ramènerait plutôt vers le large, puisque nous étions encore trop inexpérimentés et faibles pour contrer l'attirance des vagues. Les rivières sont pour les enfants, mais il faut être un homme pour dominer la mer.

La mort d'André

J'avais donc presque trois ans à la mort de mon père. J'en avais six lorsque je fis connaissance pour la deuxième fois avec la mort. Cette fois, j'étais assez vieux (ne dit-on pas plutôt : assez grand ?) pour en garder un souvenir plus précis.

On racontait dans la famille que mon frère André avait contracté la tuberculose en jouant dans le foin frais, au fenil, mais je n'ai jamais su si l'explication avait quelque valeur scientifique et si elle n'était pas, plutôt, destinée à nous éloigner, nous les plus jeunes, de ces jeux qui après tout se jouaient dans une certaine obscurité pouvant favoriser les écarts de conduite, au moment où s'éveille la sensualité. À cause d'André, le fenil était devenu un lieu non pas interdit, mais potentiellement dangereux.

Je ne l'ai pas vraiment connu parce que, vu la gravité de son état et l'éloignement où nous vivions de tout centre médical valable, le médecin avait décidé qu'il serait soigné à l'hôpital du Sacré-Cœur de Montréal. Mes frères aînés travaillaient déjà dans cette grande ville lointaine et pouvaient s'occuper de toutes les formalités nécessaires – à cette époque, il fallait payer pour être malade – et visiter ce grand malade dont sa mère ne pouvait s'occuper, parce que nous étions là et qu'elle n'aurait de toute façon pas eu les moyens de prendre le train pour aller le voir à Montréal.

De sorte que ce frère qui avait douze ans de plus que moi, c'est à travers lui que s'est fixé mon premier souvenir visuel de Montréal, que je ne verrais que cinq ans plus tard. Car l'un des aînés avait pris de lui une photo où on le voyait appuyé sur une sorte de fontaine basse, une jambe curieusement rabattue sur l'autre à la hauteur du genou, devant cet hôpital dont le corps principal, surmonté d'une coupole, ressemble plutôt à un oratoire. J'avais été frappé par sa pâleur et par sa fragilité mais je ne saurais dire si cette impression tenait à la photo elle-même, évidemment en noir et blanc, avec des contours dentelés comme on les faisait à l'époque, ou à ce que ma mère avait pu me dire, soit en commentant la photo, soit en reformulant à sa façon, comme elle a dû le faire des dizaines de fois, telle ou telle lettre que l'un de mes frères avait écrites pour lui donner des nouvelles du grand malade.

Je me souviens de la dernière semaine. Nous savions qu'il avait subi une première opération et qu'il devrait se soumettre à une seconde, plus grave et qui pourrait être décisive. Je suppose que les aînés qui voyaient André chaque jour et qui pouvaient rencontrer les médecins savaient depuis un certain temps que la fin était proche, mais qu'ils cherchaient à ménager ma mère et à ne lui enlever ses espoirs que progressivement. Et puis, le jour de la seconde intervention arriva et, en moins de vingt-quatre heures, un monsieur vint je ne sais d'où (de la gare ? du bureau de poste de Théodule ?) à deux reprises apporter à ma mère un télégramme. Le premier, en fin de matinée, disait que l'opération semblait avoir réussi mais qu'on ne serait fixé que le lendemain. À neuf heures le lendemain matin, le second télégramme disait : « Chère maman, sois courageuse. André est décédé cette nuit. Prenons dispositions pour envoyer le corps par train. »

C'est étrange comme les choses les plus banales prennent un tout autre sens, une tout autre importance en une circonstance pareille. J'étais assez grand pour comprendre la gravité du moment, pas assez pour faire ce que doivent faire les adultes. À moins de voir ma mère effondrée (ce qui ne se produisit certainement pas), je ne pouvais non plus pleurer, n'ayant pas vraiment connu ce frère qui venait de mourir. Alors j'eus ce réflexe de me réfugier sur la première marche de l'escalier. Sûrement, je l'ai compris plus tard, parce que cet escalier avait valeur rituelle, quasi religieuse : c'est dans cet escalier que, chaque année et à chaque soir de l'Avent, nous récitions nos « chapelets de Noël », le montant et le redescendant à genoux en égrenant les invocations à chaque marche : « Doux Jésus de Bethléem, venez naître dans mon cœur. » Je sentais sans doute que la mort rejoignait le sacré, qu'elle exigeait un geste de nature religieuse. Je devais donc m'interdire de jouer. Cette interdiction, c'est même le souvenir le plus clair que j'ai de cette matinée de deuil, parce que mon ami Clovis était venu me chercher pour jouer, comme d'habitude. Mais ce qui était inhabituel, c'était qu'il dût venir me chercher : c'était toujours moi, normalement, qui me rendait chez lui. Je me souviens clairement de mon embarras à ce moment précis, déchiré que j'étais entre l'envie de jouer et ce devoir de deuil qu'il me fallait accomplir, en même temps que je ne savais pas bien comment il fallait expliquer tout ça à Clovis, dont

André n'était pas le frère, après tout. J'éprouvais alors l'obscur sentiment de faire quelque chose d'au-dessus de mon âge qui deviendrait ridicule si je m'en expliquais mal, mais que, si je m'en dispensais, je commettrais une grande faute. Alors j'amenai Clovis avec moi et, au lieu d'aller jouer dans les champs, nous restâmes tous les deux assis sur la première marche de l'escalier, à parler à voix basse comme si nous étions à l'église.

Deux jours plus tard, dans la cabine arrière d'un camion semblable à celui qui avait appartenu à mon père et dans lequel j'avais fait cette unique promenade, on apporta dans un cercueil le corps d'André. Ce moment s'est imprimé clairement dans mon esprit. Le camion s'était immobilisé devant la porte d'en avant, celle qu'on n'ouvrait que pour les grandes occasions. Ma mère attendit à l'intérieur que le camion se soit complètement immobilisé. Elle ouvrit alors la porte et se tint bien droite dans l'encadrement, les pieds sur le seuil et, de toute sa grandeur et sa corpulence, elle semblait emplir tout l'espace de cette porte qui s'ouvrait pour le corps de son fils, comme si elle avait voulu que son corps et cette porte se confondent en ce moment précis. Cette image de ma mère, bien droite et solennelle, ne laissant voir aucune trace d'émotion, est demeurée jusqu'à ce jour le souvenir le plus beau et le plus noble – je dirais même le plus pur et le plus exaltant – de tous ceux qui sont liés à elle.

On installa le cercueil en plein milieu du salon, à la place d'une petite table de noyer qui s'y trouvait d'habitude. La chambre de ma mère donnait directement sur ce salon, à quelques pieds du cercueil. Une fois l'installation funéraire terminée, ma mère s'alita, prétextant une trop grande faiblesse, et ne se releva que pour les funérailles. Plusieurs années plus tard, je compris qu'elle avait accompli alors un vieux rite qui s'est perdu depuis, mais qui remonte sans doute à des temps immémoriaux : comme elle a donné la vie, la mère s'alite pour conduire son fils dans la mort. Je sais, parce qu'elle me l'a raconté, qu'elle avait fait de même à la mort de mon père.

Ma mère avait conservé jusqu'à sa mort la lettre que mon frère Sylvio lui avait écrite de Montréal à la mort d'André. On y trouve l'imagerie simple du petit catéchisme, d'un grand romantisme, mais touchante. Cette lettre disait : « Maman, ne pleure pas. André s'est envolé au ciel comme un ange. » Je n'ai lu cette lettre qu'après la mort de ma mère, trente ans plus tard. Mais je la connaissais déjà, parce que c'est en ces termes-là que ma mère m'avait parlé de mon frère André.

D'où me vient maintenant ce sentiment bizarre, mais obsédant, que je dois ressusciter ce frère ? Le projet me paraît d'autant plus absurde qu'il s'agirait de redonner vie à quelqu'un qui, pour moi, n'a pas vécu. Comment se fait-il en effet que je n'aie conservé aucun souvenir de lui vivant ? Je ne sais combien de temps il a été hospitalisé à Montréal avant de mourir, mais je suis sûr que c'était moins d'un an. Or à cinq ans, il me semble qu'un enfant se souvient de beaucoup de choses et un tuberculeux, dans une famille, introduit une sorte de désordre qui se remarque : il faut conserver sa vaisselle à part, éviter tout contact contaminant. Non, je n'ai souvenir de rien de tel. En fermant les yeux, je retrouve parfois son image à la porte de la grange mais ce n'est là, j'en suis sûr, qu'une surimpression où se confondent la photo prise devant l'hôpital, l'idée qu'il avait pu contracter sa maladie dans le fenil de la grange, et l'image de ma mère debout à l'entrée de la maison pour accueillir son cercueil.

Je sais aussi que ce frère mort s'est toujours confondu, pour moi, avec cet autre frère qui n'a pas vécu et qui est mort sans même avoir un nom. André, lui, avait le plus beau de tous les noms et, ne serait-ce que pour lui ravir ce nom dont il n'a plus besoin, je voudrais bien le ressusciter. André, je crois bien aussi, était le plus beau et je voudrais sans doute m'emparer de cette beauté perdue. De ces deux frères disparus – voilà bien une étrange expression pour désigner la mort mais, dans ce cas-ci, elle convient tout particulièrement – , je me ferais un double idéal dont aucun événement ne pourrait jamais ternir l'image : un être au-dessus de tout soupçon et qu'aucun échec ne pourrait atteindre. Un ange ? Cette suggestion me trouble, mais comment pourrais-je l'ignorer ? Ce double ne saurait être qu'asexué et si j'en poursuis le projet, c'est que (comme tout le monde), j'ai vécu l'éclosion de ma sexualité comme une ternissure, une sorte de péché originel rendant à jamais impossible la réalisation de ma perfection. C'est moi qui suis mort et que je veux ressusciter. Remonter en deçà de la faute, retrouver l'innocence édénique, la pureté cristalline de la source. Être un ange, faute de pouvoir être Dieu !

Il y a encore dans ces fantasmes un inquiétant rapport au sein maternel puisque, dans le rituel funéraire que j'ai observé à la mort d'André, ma mère lui donnait symboliquement la mort comme elle lui avait donné la vie ; dans l'autre cas c'est plus net encore, puisqu'il était mort-né. À quoi peut donc rimer cette conviction obscure que le bonheur et la vie ne sauraient se trouver que dans un *regressus ad uterum* qui est en même temps le lieu par excellence de la rencontre des deux sexes ? Et ma mère qui répétait volontiers qu'elle aurait aimé ne donner vie qu'à des garçons... Mon sexe est donc double comme celui de ma mère ? Ou ne serait-il honorable, *innocent*, qu'absorbé dans l'*autre* ? À moins que tout cela ne s'explique par le lien nécessaire et exclusif entre la sexualité et la procréation. On m'a raconté que mon père, un jour, avait aperçu deux amoureux en train de faire l'amour au bord d'une route. Il les a fait monter dans sa voiture et conduits dare-dare au curé pour les marier, c'est-à-dire pour rendre honorable ce geste qu'ils venaient de faire. Je croyais pourtant avoir échappé à ces interdits, à ces tabous de la morale et de la société, à cette loi du Père régissant le fonctionnement du sexe. Eh non ! Je découvre que le sexe porte la mort et je cherche en vain le moyen de me redonner vie. Mais comment sortir de ce cercueil venu de Montréal en novembre 1942 et qui ramène André dans la maison paternelle ? C'est la maison *paternelle*, mais le père n'y est déjà plus et la mère reprend ses droits. Moi, je me suis tapi sur la première marche de l'escalier, à regarder ce cercueil de pauvre recouvert d'une veloutine grise où repose ce frère inconnu qui pourrait être moi.

Comme André qui aurait contracté la tuberculose dans la grange, c'est dans une grange aussi – une autre, celle d'Émile où nous jouions souvent et qui était beaucoup plus grande – que j'ai découvert le sexe d'un homme. Un voisin, débile mais très costaud, qui dans un coin du fenil nous exhiba un jour son énorme sexe en érection. À l'âge que j'avais, ce pénis me parut monstrueusement gros et long et je n'arrivais sans doute pas à imaginer qu'un jour mon petit sexe pendant entre mes cuisses pût ressembler à celui-là, atteindre une telle dimension : j'étais encore trop loin de l'homme qui devrait un jour grandir en moi et cette vision conserve, pour moi, quelque chose de totalement surréaliste, voire grotesque et effrayant. Pourtant, je n'ai pas associé ce souvenir à la laideur ou à la honte. C'est qu'à la clandestinité du lieu s'ajoutait, ici, un lien avec la folie : le sexe devait donc s'afficher dans l'obscurité et en l'absence du contrôle de la raison. Rien à voir avec mon sexe à moi, que j'avais involontairement exhibé un jour, près de la grande balançoire de bois que nous avions à côté de la maison (nous disions *galance*, sans doute l'un de ces vieux mots disparus de la langue française, sauf en Acadie), devant ma mère et une autre personne dont je ne me souviens pas, mais qui devait être une voisine, donc une étrangère à la famille. Ma mère avait éclaté d'un grand rire et m'avait dit de refermer ma braguette, sinon « mon petit oiseau allait sortir ». J'avais donc un sexe-oiseau, avec des ailes comme les anges !

Ma mère Anastasie

Un dimanche matin (je devais avoir alors sept ou huit ans), un avion survola notre maison si bas que ma mère eut sans doute l'impression qu'il allait en heurter le toit. Terrorisée, elle souleva la trappe qui donnait accès à la cave, attrapa ses trois enfants qui étaient avec elle dans la cuisine – mon frère, ma sœur et moi – et nous entraîna avec elle dans la cave. Il me reste de cet incident plutôt loufoque une image très précise : au moment même où je m'engageais dans l'escalier, je vis par la fenêtre l'avion qui s'éloignait déjà de nous, en frôlant la grange du voisin Léo. Souvenir « d'époque », pour ainsi dire : c'était pendant la guerre et cet avion était sans doute le tout premier à être jamais apparu dans notre ciel. La frayeur de ma mère, peut-être comparable à celle qu'avaient provoquée les premières voitures, s'augmentait encore du fait que son fils aîné, quelque part dans la lointaine Europe, se trouvait alors sur un champ de bataille. Cet avion, c'était pour elle la guerre portant son agression jusque dans notre pays tranquille et sans histoire. Plus tard, à cette image de notre fuite dans un abri souterrain se sont évidemment superposées toutes celles que nous apportait le cinéma, de civils s'engouffrant dans les métros de Londres ou de Paris pour y trouver refuge, si bien qu'entre une cave en terre servant à conserver les légumes au frais dans une campagne reculée, et qui se croyait protégée, et ces grandes capitales quotidiennement bombardées, il y a pour moi ce lien concret, charnel. L'alerte était fausse, mais l'expérience véritable et marquante.

Outre ce souvenir, il me revient peu de chose des faits et gestes de ma mère, et je m'en étonne aujourd'hui. Elle parlait peu et sa silhouette imposante se confond pour moi, durant ces années de l'enfance, avec l'être même de la maison, dont elle était l'âme. Cela était surtout frappant l'hiver. Nous nous levions tôt, mais elle plus tôt encore, puisqu'elle devait allumer le poêle pour réchauffer la cuisine, séparée du corps principal de la maison et où il n'y avait pas de chauffage durant la nuit. Or, sauf pour dormir, nous sortions rarement de cette cuisine où ma mère passait évidemment ses journées presque entières. Lorsque la cuisine était suffisamment réchauffée, ma mère venait nous réveiller : la maison, mise en veilleuse pour la nuit, revivait grâce à ma mère qui l'avait ranimée.

Cette maison grise, un peu trapue et usée, ma mère lui ressemblait et je n'aurais pu imaginer l'une sans l'autre. Je ferme les yeux et je revois tout à coup la chaise berçante placée à côté du poêle où elle s'assoyait lorsqu'elle avait un moment de répit; à vrai dire, la cuisine n'existait pleinement que lorsque ma mère s'y berçait, en chantonnant de vieux airs aux paroles inaudibles, qui étaient souvent de vieilles ballades anglaises. Car cette femme qui ne se souvenait pas si elle avait trois ou quatre années de scolarité et ne connaissait donc rien à ce qu'on appelle la culture, avait grandi dans un milieu surtout anglophone. Elle parlait très bien l'anglais, mais avec un léger accent français; lorsque la famille s'installa à Montréal en 1947, elle se fit dire qu'elle parlait français avec un léger accent anglais. Comme elle ne parlait que pour dire l'essentiel, cela avait peu d'importance. Et l'accent de ma maison natale, je ne m'en suis guère préoccupé : c'était, certainement, celui de ma mère, qui était plutôt silencieuse et méditative.

À quoi songeait-elle donc pendant ces longues songeries auxquelles elle s'adonnait sur sa chaise berçante ou, les rares beaux soirs d'été, assise face à la mer sur la *galance*? Elle regardait la mer et les maisons du voisinage, mais leur parlait-elle? Je crois qu'elle regardait plutôt en dedans d'elle-même – peut-être, selon le mot de Ramuz, au-dessous d'elle-même. Et j'ai le sentiment d'avoir partagé souvent sa méditation, sans oser la troubler, sans doute parce que je savais obscurément qu'ainsi j'apprenais à me nourrir du paysage, à sentir cette sorte de symbiose avec les éléments qui se fixe, nous a appris Bachelard, pendant les années de l'enfance. J'ai su ainsi qu'une partie de mon âme appartenait pour toujours à la mer, mais j'ai surtout découvert que j'étais un terrien, un paysan profondément enraciné dans un humus un peu maigre, rocailleux et qu'on ne pouvait véritablement maîtriser que si on faisait corps avec lui. Lorsque ma mère ne parlait pas, c'est cette leçon de choses qu'elle m'apprenait.

À partir de l'adolescence, j'ai un peu souffert de ce silence ou, plutôt, de la difficulté qu'il impliquait à communiquer avec ma mère pour tout ce qui échappait au quotidien. On lit tant de choses sur la violence verbale des parents, peut-être surtout des mères. Chez moi, je ne retrouve rien de tel : ni discours moralisateur fait pour traumatiser, ni chantage émotif, ni présence obsédante. Ma mère n'avait vraiment rien de la grande Claudine, pas même de la grand-mère Antoinette. Elle avait plutôt le genre Rosanna Lacasse, se contentant comme elle des bonheurs qu'elle pouvait trouver d'occasion. Mais, comme celle de Rosanna, je me dis maintenant que son existence était totalement absorbée par sa fonction maternelle. Lorsque je me demande qui était cette Anastasie Doucet dont le nom n'est reparu que pour l'inscription sur une pierre tombale, je me retrouve ici encore comme devant une grande page blanche. J'ai vu la maison où elle est née et je sais bien qu'elle aussi a traversé l'enfance et s'est éveillée à l'amour, mais je ne sais rien de ses rêves, de ses désirs, des ambitions auxquelles elle a dû renoncer à cause de ses nombreuses maternités. En fait, la femme que j'ai connue vieillissante, toute sa famille élevée, me semblait peu intéressée à jouir d'une liberté qu'elle connaissait peut-être pour la première fois à soixante ans : comme s'il ne lui restait plus de raison de vivre, elle s'est préparée passivement à mourir. Elle est morte, après avoir pris sa place dans une chaîne ininterrompue de générations, en emportant avec elle la vie secrète d'Anastasie Doucet.

Il y avait en tout cas chez elle une sorte de paillardise qu'illustre bien l'histoire de Léon et du turbot, une histoire que ma mère aimait beaucoup raconter. Léon Arsenault était un vendeur ambulant de viande et de poisson. Je parle d'une époque lointaine et d'une campagne reculée où l'électricité ne venait pas jusque chez nous, où les voitures étaient rares et les supermarchés inexistants. Heureuse époque, en un sens, puisque ce sont les marchands qui se déplaçaient. Léon venait tous les vendredis, généralement vers la fin de l'après-midi, car nous habitions le bout de la route et Léon, grand bavard surtout lorsqu'il trouvait une femme seule à la maison, s'attardait plus que de raison dès qu'il en avait l'occasion. Léon, c'était bien connu, buvait trop et certaines de ses clientes, espérant peut-être en tirer bénéfice, lui offraient un petit verre qu'il ne refusait jamais. On peut imaginer en quel état il se trouvait souvent en fin de journée, c'est-à-dire lorsqu'il s'arrêtait chez nous.

Or ma mère, qui lui achetait rarement de la viande (comme nous faisions encore boucherie à l'époque, nous avions nos propres réserves), était surtout preneuse pour le poisson. Elle raffolait particulièrement du turbot, un poisson plutôt rare dans nos eaux et qu'elle demandait presque à chaque fois à Léon, sachant qu'elle achèterait à la place, comme d'habitude, de la morue, de la « plaize » – c'est ainsi, je crois, qu'on nommait la plie, en Acadie – ou du maquereau, selon la saison. Un vendredi (c'était en octobre, car je me souviens que le soleil baissait déjà sur l'horizon), Léon s'amena, plus éméché que d'habitude, mais rayonnant. Ma mère sortit de la maison en s'essuyant les mains sur son tablier aux petites fleurs bleues, pour s'approcher de la camionnette de Léon dont il venait de descendre en titubant et dont il avait déjà ouvert le côté faisant étalage. « Vous voulez du bon turbot, madame ? », lança-t-il au moment même où il se retournait vers ma mère, brandissant au bout de son bras un long poisson qui avait l'air de gigoter encore. Mais en suivant des yeux le poisson de haut en bas, ma mère vit autre chose : Léon avait sa queue de chemise toute sortie, la braguette grande ouverte et laissant apercevoir même un bout de chair frétillante. La scène lui parut si loufoque qu'elle éclata d'un rire incontrôlable qui aurait certainement vexé le pauvre Léon s'il n'avait été si saoul. Ma mère acheta le beau turbot, dont toute la famille s'est délectée. Mais dans la chronique familiale, le frétillement de ce poisson a toujours suggéré quelque chose de paillard : le lubrique et ridicule turbot de Léon ! Et que ma mère, en toute simplicité, prît tant de plaisir à raconter l'histoire révélait un pan de son caractère, de sa joie de vivre, c'est-à-dire d'une vision saine et positive des réalités de la vie. C'était alors Anastasie Doucet qui s'exprimait et non celle que je nomme ma mère ; mais entre les deux, j'ai rarement perçu une contradiction.

Descendre au-dessous de soi-même

Le mystère de l'identité de ma mère, c'est en fait celui de mon hérédité maternelle. Car à chaque fois qu'on remonte dans une filiation, c'est toujours du côté paternel qu'on le fait, le côté du patronyme. Je suis pourtant autant Doucet que Godin et j'ai envie de dire que ce nom est pour moi plus totémique que celui que je porte : j'y lis la douceur que la sonorité suggère et qui me semble remonter de cette hérédité. Douceur et soumission, comme une longue patience. De mes grands-parents maternels, je n'ai pas plus de souvenirs que des parents de mon père, même si ma grand-mère maternelle est la seule que j'aie un peu connue, peut-être un an ou deux avant sa mort et alors qu'elle était, comme on dit, « retombée en enfance ». Il ne m'en reste que l'image floue d'une petite femme au dos voûté, repliée elle aussi sur son silence. De son père, ma mère me parlait parfois avec une grande tendresse. Les dernières années de sa vie, il était devenu aveugle, ce qui est une autre façon de redevenir enfant : c'est souvent ma mère qui, en le guidant, lui avait servi de mère pendant ces années. Étrange comme les générations sont circulaires, chaque homme retrouvant une figure maternelle, chaque être humain retrouvant ses origines. C'est sans doute ce que voulait dire le poète anglais – était-ce Wordsworth ? – en affirmant que « the child is father to the man ». Peut-être parce qu'elle reproduisait elle-même un modèle lui venant de son père, ma mère m'a donné l'impression, sa soixantaine arrivée, d'inverser les rôles et de demander à ses enfants de l'éduquer, de lui apprendre ce qui était bon et mauvais, de lui dire ce qu'il fallait faire ou ne pas faire.

Je n'ai pas connu, moi, cette complicité si plaisante qu'on observe souvent entre les grands-parents et leurs petits-enfants et qui est sans doute le signe d'une troublante affinité où les deux âges se rejoignent. Je m'étonne d'autant plus de cette soudaine curiosité que j'ai de mieux connaître mon hérédité jusqu'aux plus lointaines origines. Mon arbre généalogique, je le connais jusqu'au grand-père de Pierre Godin, celui qui débarqua à Montréal en 1653 et qui serait à l'origine de toutes les familles Godin d'Amérique. Je le conserve quelque part dans un tiroir mais je ne sais trop où, car ce document patiemment préparé par l'un de mes frères, je n'y ai guère prêté attention jusqu'ici, n'y voyant qu'une nomenclature d'intérêt médiocre, folklorique. On voit les graphies changer – de Gaudin en Godin – et les prénoms revenir parfois en sautant une génération, comme il se doit, certains de ces prénoms faisant rêver : l'ancêtre Vorle ou Jeanne Rousselière, Françoise Bergeron d'Amboise, Marie-Angélique ou Geneviève, Frédéric ou Gabriel Godin dit Châtillon qui aurait été, selon certains, le fiancé d'Évangéline. Mais derrière ces noms il y a eu des vies de pêcheurs ou d'agriculteurs dont je ne sais rien, des passions et, peut-être, des crimes. Qui sait combien d'adultères révéleraient leur histoire véridique si elle pouvait être écrite ? Combien d'escroqueries, de violences conjugales ou d'incestes, de meurtres même ? Et ce teint basané qui donne à tous les hommes de ma famille (mais pourquoi toutes les femmes y ont-elles échappé ?) l'air de sempiternels vacanciers tout frais débarqués de Floride, on pourrait supposer qu'il ne peut provenir que d'un sang indien, apporté par un jeune dieu micmac avec qui l'une de mes grands-mères aurait « fauté »... La forêt était si proche et elle conserve tant de secrets !

Mon grand-père Godin s'appelait Pierre, comme le premier ancêtre canadien. Il est mort bien avant ma naissance et je n'ai jamais eu la curiosité de poser des questions à son sujet. Il a toujours été pour moi et demeure le *patriarche*, à cause d'une photo de lui qui a été conservée dans la famille dans un superbe encadrement doré : un vieux monsieur à l'impressionnante barbe blanche qui le fait ressembler à certaines représentations de Dieu le Père que je voyais dans mon enfance sur des images pieuses. Peut-être même ai-je obscurément pensé, enfant, que mon grand-père *était* Dieu le Père ; jamais, cependant, n'aurais-je osé prolonger cette réflexion faisant de moi un petit-fils de Dieu, par crainte du sacrilège. Il valait mieux en rester à l'*image*, à la rêverie floue devant un vieux et beau patriarche dont je ne savais rien d'autre que l'impression de noblesse et de force tranquille qu'il affiche sur cette photo, et qu'il avait été mon grand-père. Aujourd'hui, je pense pour la première fois qu'il a été le père de mon père et les deux images se superposent. Il me semble que mon père en ressort grandi. Mais je l'envie d'avoir, lui, pu voir vieillir son père dont il a précieusement conservé cette photo qui appartient maintenant à mon frère Hypolite. Le geste de conserver la petite et mauvaise photo de mon père contre un rayon de ma bibliothèque, je comprends mieux maintenant son sens profond.

La longue chaîne des hommes et des femmes qui m'ont fait ressemblerait sans doute à une boule informe de nœuds enchevêtrés qu'on chercherait en vain à démêler. L'entreprise est vouée à l'échec, on le sait et on s'acharne tout de même à cette utopie. « Ce que je recherche, écrivait Ramuz, c'est l'intensité, celle d'en bas. » Pour tenter d'y arriver, il faut – quelle sublime et troublante expression – « descendre au-dessous de soi-même ». La recherche des ancêtres, ce ne saurait être autre chose que la recherche de soi, d'un *moi* perçu comme un produit final, mais non fini, le résultat d'une addition fort complexe, pleine de fractions et de fractures. Et l'on aura beau s'interroger sur les origines de tel ou tel aspect de sa personnalité, on ne saurait guère remonter au-delà des parents, eux-mêmes au terme d'une chaîne complexe. Au commencement il y eut *papa-maman* : deux êtres dont la fusion m'a créé. En réunissant tout à l'heure dans ma pensée la figure de ma mère et celle de son père, c'est cette vérité profonde que, me semble-t-il, je cherchais à saisir et à définir. Si multiple soit-elle, il n'y a toujours à l'origine d'une telle quête qu'une unique figure double de *papa-maman*, figure indifférenciée parce qu'elle est devenue, de par son infinie complexité, indéchiffrable.

Tant de détours pour en arriver à moi. Tous ces morts qui sont *au-dessous de moi* mais qui se continuent en moi sans que je sache jamais *qui* agit, *qui* me détermine. Depuis les lointaines origines (germaniques, paraît-il, et le nom viendrait de Goth, ce qui n'est pas rien !) en passant par les Flandres françaises et belges et par Montréal – mon ancêtre Pierre aurait été propriétaire du terrain sur lequel s'élève aujourd'hui l'hôtel de ville de Montréal –, avant que mes proches ancêtres ne construisent une maison à Petit-Rocher Nord, presque au bord de la rivière aux Ormes, face à la mer. Grandeurs et décadences qui rejoignent en moi le conflit entre la perfection à laquelle je me suis cru destiné et la médiocrité dévorante qui me poursuit, comme une stérilité. Or la chose la plus troublante que j'aie apprise sur le code génétique, c'est que même la stérilité peut être transmise : un gène récessif qui peut dormir pendant plusieurs générations et ressurgir sans qu'on sache comment et, sans doute, sous diverses formes. Le spectre de la dépression et de la folie que je sens en moi, n'est-ce pas une forme de stérilité ? Cette pente, c'est surtout chez ma mère que je l'ai observée, même si je voudrais bien en blâmer mon père, qui a démissionné avant même de pouvoir m'aimer. Je sais bien, malgré tout, que la mort du père ne change rien à l'hérédité qu'il a transmise : le mal qui est fait, il dure toute la vie et au-delà.

BÂTIR
SA MAISON

Un astre trop aveuglant
Pour qu'on puisse le regarder de face,
C'est cela, un père mort.

Dany Laferrière,
L'énigme du retour

DANS LE JOURNAL de la classe de rhétorique, au collège, j'avais publié un texte édifiant où je voulais définir la mission essentielle à laquelle nous devions consacrer nos vies. J'avais intitulé ce texte « Construire sa maison », un titre qui me venait d'un ouvrage de Jean Sarrazin que j'avais lu et qui m'avait beaucoup impressionné. Je l'entendais alors, bien sûr, au sens figuré et cela impliquait une foi naïve – fondée en spiritualité : cela nous était commandé par Dieu le Père ! – en la capacité que nous devions tous avoir de diriger et de construire notre vie d'homme. Mais je sais maintenant que ce symbolisme remontait à plus loin : de la conviction bien ancrée en moi, bien qu'inconsciente, que l'homme se construit comme une maison paternelle.

Je sais aussi que j'ai voulu devenir homme l'été de mes douze ans, en entreprenant avec mes amis Clovis et Gérald de construire une cabane en bois rond. Armés d'une sciotte (ce mot est féminin mais nous disions « un », sans doute parce que son usage est réservé aux hommes) et d'une hache, nous avons coupé des arbres dans la cédrière marécageuse derrière chez Émile. Émile étant le propriétaire de la terre et un menuisier, c'est évidemment son fils qui fut le maître d'œuvre, décidant de la disposition et des dimensions de la cabane à construire pièce sur pièce, sans clous. Moi, dans cette entreprise, j'étais le manœuvre affecté au déplacement des arbres coupés, qu'il fallait tirer à travers le marécage. On m'avait baptisé le « bulldozer », ce dont j'étais assez fier parce que ça suggérait une robustesse à laquelle j'aspirais. Surtout que, depuis un an, j'étais devenu un citadin qui ne revenait au pays de l'enfance que pendant les vacances d'été ; je tenais d'autant plus à montrer que les durs travaux de la campagne ne m'effrayaient pas. À la réflexion, je vois mieux maintenant ce que ce jeu qui a occupé mes loisirs d'un été révélait de moi-même. Si je me contentais des tâches secondaires et en quelque sorte ancillaires, c'est que j'aurais précisément été incapable de travailler avec méthode à cette construction : je ne pouvais que débroussailler en dépensant toutes les énergies de mon corps, de manière tout à fait désordonnée et instinctive, sans doute parce que je ne pouvais, moi, prendre appui sur un père. Ma maison d'homme, je devrais donc la construire sans modèle et sans méthode, avec le risque de devoir recommencer, en masquant les défauts de la construction. Notre cabane de l'été de mes douze ans ne fut jamais terminée, aucun de nous ne sachant comment faire le toit : le moment n'était pas encore venu...

Ce qui a précisément caractérisé mon enfance, c'était de vivre à la campagne, sur une ferme qui avait autrefois été considérable, mais où il n'y avait plus d'homme. Ma mère devait y subsister avec ses quatre plus jeunes enfants, deux garçons et deux filles. J'étais le plus jeune des garçons, mon frère Georges étant mon aîné de trois ans. C'est donc lui qui devait, avant même l'adolescence, assumer les tâches d'homme et il fut, en quelque sorte, le premier modèle qui m'ait été donné. C'est lui qui devait lever de lourdes fourchetées de foin pour nourrir la vache qui nous restait et qui, chaque printemps, nous donnait un veau pour la boucherie d'automne. C'est lui encore qui devait faire les petites réparations nécessaires, fendre le bois pour le chauffage, nettoyer l'étable. Je le regardais faire mais, sans deviner le mal qu'elle me faisait, ma mère m'excluait de cet apprentissage : j'étais encore « trop petit » et, surtout, puisque je réussissais bien à l'école, il fallait protéger ma vie de bon élève. Comme s'il n'était pas important de devenir un homme quand on connaît des succès intellectuels. Le travail manuel, l'effort physique, voilà ce qui formait un homme. Moi, on me destinait aux valeurs de l'esprit. Mais devient-on un homme en niant son corps ?

Train qui roule n'amasse pas la richesse

À quel âge ai-je commencé à rêver d'une autre vie, ailleurs que dans ce plat pays de mon enfance campagnarde, en fantasmant sur un autre père que le mien ? Je sais que cela est venu d'une histoire étrange que ma mère racontait. Mon père, disait-elle, avait rencontré à bord du train de Montréal un monsieur plutôt fortuné, mais sans enfants, qui lui avait offert d'acheter l'un des siens. L'histoire avait peut-être été transformée et embellie avec le temps et ce qui, au départ, n'était sans doute que manière de parler – « Vous savez, je donnerais cher pour avoir un seul de vos enfants ! » – était ainsi devenu une offre ferme. Cela pouvait signifier plusieurs choses. D'abord que nous étions si pauvres que la vente de l'un de nous aurait pu être envisagée, comme cela se pratique ailleurs dans le monde, en Amérique latine notamment. Cela voulait aussi dire que mes parents avaient une autre richesse : de nombreux enfants qu'ils arrivaient tout de même à nourrir et qui faisaient l'envie des riches à qui manquait cette richesse essentielle, dont on dit généralement qu'elle ne s'achète pas. Le plus beau de l'histoire, c'est évidemment que mon père avait résisté à l'appât du gain, montrant du même coup qu'il avait un juste sens des valeurs et de l'honneur.

Un simple petit calcul m'aurait permis de comprendre que cela n'avait pu se passer que bien avant ma naissance, puisque mon père ne montait à Montréal que pour y vendre ses pommes de terre, qu'il avait cessé de cultiver après le krach de 1929 qui l'avait obligé à jeter à la mer sa récolte, qu'il n'avait tout simplement plus les moyens d'expédier à ses clients habituels. Cela ne m'empêcha pas de penser que j'aurais pu être cet enfant vendu. Je l'ai imaginé, rêvé, fantasmé : il y avait quelque part, entre Petit-Rocher et Montréal, un mécène qui m'était destiné et que je rencontrerais un jour. Ma bonne étoile suivait une voie ferrée !

Vendu à cet homme gentil et riche qui m'aurait adopté, j'aurais connu une autre enfance, un autre destin. Petit Cendrillon, *from rags to riches*, ou Petit Poucet au destin marqué de cailloux dorés. Ma mère, sans le savoir, alimentait ces fantasmes en me répétant que j'étais né sous une bonne étoile : treizième enfant et né un 13 (mais un dimanche, pas un vendredi, j'ai vérifié !), j'étais forcément un « treize chanceux » qui saurait déjouer tous les malheurs. Ou plutôt, j'étais destiné à faire un jour une rencontre magique qui transformerait le cours de mon existence, qui m'apporterait sûrement une richesse quasi instantanée que, magnanime, je redistribuerais autour de moi...

Comment n'ai-je pas compris plus tôt que ce mécène espéré, attendu, recherché et désiré pendant toute ma jeunesse et jusque dans ma vie d'adulte, c'était justement ce père que je n'avais pas connu ? Sachant par ailleurs qu'il était mort pauvre, il était normal que je veuille le faire revivre en homme riche, ce qu'il serait peut-être devenu s'il n'était mort si jeune. Après tout, il était une sorte de notable dans le village, l'un des plus instruits – il lisait régulièrement les journaux ! – et des plus considérés. Celui à qui mon père me vendait, c'était le père que je me réinventais.

Mais pour être sûr de ne pas rater un possible rendez-vous, il fallait voyager, puisque toute cette histoire prenait naissance dans un train. Prendre le train, l'avion, voire l'autobus ou le métro, ce sera toujours m'exposer à la rencontre imprévue, au hasard ménagé par les dieux mais qui ne surviendra que si je me garde disponible, réceptif, aux aguets. C'est pourquoi, sans doute, j'ai tant voyagé, comme pour multiplier les carrefours du destin. Et voyant que l'Europe ne me comblait pas, j'ai cherché ce destin en Afrique et en Asie. Espoir toujours déçu, toujours frustré ; et pourtant, chaque déception faisait monter les enchères.

Pourquoi fantasmer sur l'Afrique et l'Asie, alors que Montréal voisine la riche Amérique, patrie de tous les milliardaires, des fortunes les plus fabuleuses ? Sûrement parce que j'y ai effectivement connu (aux USA) un « mécène » qui m'a tant déçu que je voudrais à jamais effacer le traumatisme de cette rencontre. Un rêve non réalisé demeure possible, donc opérant. Mais lorsqu'on croit que le rêve va se réaliser et qu'il se transforme en une réalité banale et méprisable, il faut immédiatement fuir à toutes jambes vers d'autres lieux, vers d'autres cieux où il demeure possible de rêver, où, en tout cas, les rêves ne tourneront peut-être pas au cauchemar.

Cela a commencé non sur la route de Montréal, mais entre Montréal et Québec, sur le chemin dit « du roi » que la visite de de Gaulle rendra célèbre plus tard ; et non en train, mais en voiture. J'ai alors seize ans, c'est l'été et je pars avec un copain faire le tour de la Gaspésie « sur le pouce ». Une voiture s'arrête ; ce sont deux Américains. Le chauffeur ne parle qu'anglais mais l'autre, plus âgé et portant d'épaisses lunettes, nous explique dans un français très parisien qu'il revient chaque été au Québec et qu'il nous a fait monter pour avoir une première occasion de parler français. Il nous demande nos adresses ; il nous écrira, dit-il. En septembre, je reçois en effet une première lettre, qui impressionne beaucoup ma mère : son fils a été « choisi » par un Américain qui ne peut qu'être riche et qui, ô merveille, s'est converti au catholicisme et est même devenu membre du tiers-ordre franciscain. Bientôt, il m'invite à venir chez lui à Detroit, aux vacances de Noël ; il m'envoie l'argent pour payer mon billet d'autobus. Le scénario se précise, se complète d'un cadeau – une montre –, et j'ai le sentiment d'avoir enfin rencontré le mécène attendu. Je remarque à peine que la modeste maison de bois qu'il habite avec sa vieille mère n'est pas celle d'un richard et les confidences qu'il me fait attirent ma sympathie : il a été marié mais sa femme est devenue folle à la suite d'une fausse couche ; lui-même est condamné à la cécité, à brève échéance.

Je voyais en lui une touchante figure paternelle, mais il a suffi d'une nuit pour que je comprenne la nature réelle de ses sentiments à mon égard. De retour à Montréal, j'ai continué pendant quelques années des échanges épistolaires qui visaient simplement à éviter une rupture que ma famille n'aurait pas comprise, tant cet homme était apparu comme un envoyé de Dieu. Moi, j'étais troublé plus profondément que je ne pouvais le comprendre alors. Le train du rêve avait déraillé.

Cette aventure me permit de comprendre obscurément les périls – ou, à tout le moins, les ambiguïtés – d'une telle quête, sans pour autant prendre conscience de toute son absurdité. Car s'établissait ainsi un lien pervers entre la richesse et la paternité, l'une ne pouvant se réaliser pleinement sans l'autre, ou l'une suppléant à l'absence de l'autre. La richesse est cependant une chose relative et variable. Le langage courant retient encore le mot « millionnaire » pour désigner quelqu'un de riche, même si, de nos jours, un million de dollars ne permet pas encore de se considérer tel. Lorsque j'étais enfant, les millionnaires ne constituaient qu'une poignée de privilégiés qui vivaient tous, on s'en doute, dans de lointaines contrées auxquelles je pouvais à peine rêver. Aujourd'hui, je connais autour de moi une vingtaine de personnes – amis, collègues, voisins – dont les avoirs dépassent certainement le million de dollars, et qui ne se considèrent pas, pour autant, comme des « millionnaires ». Mais c'est précisément parce que ce cercle mythique s'est rapproché de moi sans que j'en fasse partie qu'il m'arrive de me trouver « pauvre », car il me semble que ce qu'ils ont réalisé, c'est avec des moyens comparables aux miens qu'ils l'ont accompli ; c'est donc que je n'ai pas su, moi, bien planifier mon avenir, cet avenir qui est désormais mon passé et mon présent.

Qui choisit prend pire

Dans ma vie, je me suis presque toujours laissé guider par le hasard. Peut-être parce que ma mère, avec sa sagesse paysanne, répétait souvent que « qui choisit prend pire ». La maxime peut paraître atrocement fataliste, voire défaitiste, mais j'ai pu observer à quelques reprises sa vérité. En fait, il me semble qu'à chaque fois que j'ai voulu décider de mon destin, j'ai eu ensuite à le regretter. Par exemple lorsqu'à dix-huit ans j'ai décidé de devenir religieux. Mais cette décision, l'ai-je vraiment prise librement ? Je savais que ma mère le souhaitait : ayant mis au monde neuf garçons, « c'était bien le moins », disait-elle, qu'elle ait « son » prêtre. Je n'ai compris que beaucoup plus tard à quel point cet espoir de ma mère avait pesé lourd dans la balance, alors même qu'il me semblait que cette décision découlait tout naturellement de mes élans mystiques, oubliant que ceux-là aussi étaient conditionnés par l'atmosphère de ce collège que j'avais adopté comme ma seconde demeure tant, sans doute, la présence constante de tous ces pères m'était inconsciemment nécessaire. Il était donc naturel que je voulusse leur ressembler.

Six années de ma vie, entouré de pères en robe noire. Je m'étonne aujourd'hui de n'avoir trouvé chez aucun d'eux une figure paternelle ; du reste, je ne me rappelle même pas l'avoir consciemment recherchée. Cela me paraît d'autant plus curieux que tout le vocabulaire religieux est calqué sur celui de la famille – Dieu le Père, la Vierge mère, les frères que nous devions tous être ; mais une famille désincarnée, tout le problème est là. Sans savoir ce que devait être un père, sans même y avoir réfléchi, j'associais sûrement son image à une chaleur humaine que je n'avais connue que par les femmes, à une forme de tendresse particulière que je n'aurais su définir, justement parce que j'en avais toujours été privé.

Pendant les deux années de noviciat, j'ai vécu sous la gouverne du « Père maître » chargé de nous initier à cette nouvelle vie et qui nous la faisait comprendre dans son être même. Petit, rondouillet et chauve, il m'apparaissait comme l'incarnation vivante de la règle rigide, austère au point où il semblait que, pour lui, un seul sourire eût été coupable. Maître plus que père, d'un rapport glacial. C'est ainsi, sans doute, qu'il fallait apprendre à nier son corps (qu'il fallait par ailleurs flageller et meurtrir, à l'occasion) pour devenir un être spirituel. Je garde de ce père maître une image toute particulière et quasi poétique : celle d'un homme déambulant dans la grande allée bordée de peupliers lombards, si léger qu'on aurait pu s'attendre à le voir s'envoler. Si léger qu'il ne pouvait exister, entre lui et moi, aucun lien matériel ; face à lui, je ne pouvais que me réfugier dans une sorte d'inexistence, c'est-à-dire dans cette folle entreprise de renoncer à mon être charnel pour renaître « homme nouveau », comme le disent les auteurs spirituels.

Nous vivions comme dans un orphelinat et nous étions tous des orphelins que la règle obligeait à s'appeler « frères » entre eux alors que rien n'était aussi absent de cette vie commune que la véritable fraternité, la recherche de la perfection à laquelle chacun devait tendre ne pouvant favoriser que l'individualisme le plus radical. La règle défendait expressément tout contact corporel, ce qui peut aisément se comprendre en raison du vœu de chasteté, mais qui isolait chacun entre les limites étanches de son corps, celui-ci devant par ailleurs être nié, en tout cas toléré seulement, considéré *simul ac cadaver* : que des os froids et secs, rien de chaud ou de charnel. Comment s'étonner qu'une telle vie soit pure apparence, faux-semblant ? C'est en voyant plus tard – lors d'un séjour d'étude aux États-Unis – comment les désirs du corps reparaissaient sous toutes sortes de déguisements et de compensations, que j'ai enfin compris que l'homme, comme l'a bien vu Pascal, devient bête en voulant faire l'ange. Comment expliquer autrement le fait que le congé hebdomadaire du jeudi ait été attendu avec une telle impatience par tous ces séminaristes américains ? La bière coulait alors à flots, faisant contrepoids à l'anéantissement du corps qu'exigeaient, le reste de la semaine, les exercices de dévotion. Mais à mes yeux, c'est la quête spirituelle elle-même qui se trouvait anéantie.

Le moment était donc venu de renoncer à cette vaine recherche. Il y fallait quelques formalités, des documents à signer, pour revenir à la vie « laïque ». Cela s'est passé dans la simplicité et la sérénité. En quittant la maison où s'est déroulée cette petite cérémonie – un grand et beau manoir patrimonial qu'on a ensuite laissé à l'abandon, puis démoli –, j'ai aussitôt traversé la rue pour me trouver sur le trottoir opposé. Pour moi, c'est ce geste qui a été décisif, comme si la traversée de la rue était symboliquement nécessaire, me permettant d'un seul coup de laisser derrière moi six années de vie qui avaient constitué une erreur d'aiguillage, et de reprendre possession de mon corps, de moi. La sensation de bien-être, voire de légèreté qui m'a alors envahi, jamais je ne l'oublierai.

L'orienteur désorienté

Durant mes années de collège, j'avais eu l'idée un jour de fonder un petit centre d'orientation, en réunissant toutes sortes de dépliants et feuillets d'information sur les diverses carrières qui pouvaient s'offrir à nous à la fin de nos études. Je croyais alors être de ceux qui n'avaient pas besoin de ce centre, ayant déjà choisi ma voie. Mais voilà que je me retrouvais désemparé et sans ressources, alors que mes camarades terminaient leurs études universitaires ou amorçaient déjà une carrière. Moi, je commençais à savoir ce que je ne voulais pas faire mais je ne savais pas encore quel chemin prendre.

Je retournai vivre chez ma mère, qui relevait alors de maladie et à qui je servis d'infirmier. Quelques jours plus tard, un dimanche matin, je rendis visite à des amis religieux enseignant dans un collège voisin. L'un d'eux m'apprit qu'il leur manquait un professeur d'anglais et on m'offrit le poste. Le lendemain matin, je commençais cette nouvelle carrière improvisée à laquelle seules mes deux années vécues aux États-Unis et des études en ce qu'on appelait jadis les « humanités » me préparaient. Cela venait confirmer que je devais me destiner à l'enseignement ; mais de quoi ? et à quel niveau ? Pendant quelques mois, j'ajoutai à cet enseignement de l'anglais celui du latin (dans un second collège) et de la civilisation grecque (dans un troisième). Mes élèves avaient quelques années à peine de moins que moi, j'avais avec eux un contact simple et adulte, un rapport de camaraderie fraternelle plutôt que d'autorité paternelle. Dans la première institution où j'enseignais, collège en principe réservé à des garçons destinés à la prêtrise, j'ai enseigné Shakespeare à deux ou trois élèves qui deviendraient plus tard des terroristes du FLQ, à un autre qui serait ministre puis sénateur à Ottawa. Aucun, je crois bien, n'est devenu prêtre : nous vivions tous, eux aussi bien que moi, une période de mutations des valeurs morales et sociales et, sans savoir où nous allions, nous devinions que notre avenir ne serait pas ce qu'avaient prévu ou souhaité nos parents. Je fis découvrir à ces garçons *The Catcher in the Rye*, un petit roman américain encore peu connu à l'époque et qui disait mieux qu'une analyse sociologique les transformations en cours : comme le disait une chanson populaire – était-ce de Bob Dylan ? – , « *The times, they are a-changing* ». Je savais désormais que j'étais « destiné » à l'enseignement collégial ou universitaire et le domaine littéraire s'imposait tout naturellement à moi, sans que je sache encore quelle partie du domaine j'allais explorer et habiter.

Mais je me rappelle avoir vécu dans une certaine angoisse cette période de ma vie, sachant que chaque décision ne ferait que réduire le champ des possibles et que, désormais, toute erreur serait imputable à mon compte. Je faisais l'apprentissage, un peu tard, de la responsabilité personnelle. Plus de « Père supérieur » à qui en référer, plus de permission à demander. Je devais désormais assumer toutes les conséquences des décisions prises. Devenir adulte, c'est apprendre à ne dépendre que de soi, à choisir pour soi et pour ceux qui dépendent de soi ce qu'il convient de faire ou de ne pas faire. Or j'ai toujours éprouvé un certain malaise à assumer ce rôle : mis en situation d'autorité, j'ai toujours eu conscience, précisément, de jouer un rôle, c'est-à-dire de me glisser dans la peau de celui que je ne suis pas. Toute ma vie professionnelle a été marquée par cette schizophrénie rampante, comme si j'entendais toujours le diktat paralysant de ma mère : qui choisit prend pire !

C'est pourquoi j'ai toujours cherché, plus ou moins consciemment, à laisser le hasard déterminer les tournants les plus décisifs de ma vie. Certains se font un plan de carrière précis dont ils ne dérogent pas ; ils construisent leur vie comme on bâtit une maison dont on a soi-même dessiné les plans. Moi qui ai vécu mon enfance dans une maison centenaire construite par mes ancêtres et si chaude que je ne saurais en imaginer de plus agréable, j'ai toujours eu l'intime conviction que je devais plutôt chercher une voie tracée par une sorte de destin. Ainsi, terminant une licence en lettres qui me vouait tout naturellement à l'enseignement de la littérature, mais sans savoir encore que ma carrière se ferait à l'université, je décidai d'aller poursuivre mes études en France. À la vérité, j'entrevoyais ce séjour comme une parenthèse et mon seul objectif était de baigner pendant un an dans un milieu culturel français. La difficulté était de taille, puisque j'étais marié et que nous attendions notre premier enfant. Je fis des calculs, demandai et obtins une bourse qui financerait une année à l'étranger et entrepris des démarches pour aller préparer un diplôme à Strasbourg. Pourquoi cette ville plutôt qu'une autre ? Simplement parce que, à cause d'un linguiste strasbourgeois qui venait chaque année à l'Université de Montréal, c'est là que se rendaient tous les Montréalais désirant poursuivre leurs études en France ; et je ne voyais aucune raison de ne pas faire comme tout le monde. Mais un jour, décrivant à une amie, dans la salle des professeurs d'un collège où j'enseignais le latin, mes projets de départ, j'entendis la voix éraillée d'un vieux professeur derrière moi que je n'avais pas remarqué – un Français, de toute évidence – qui me dit :

— N'allez pas à Strasbourg, malheureux, il y pleut tout le temps ! Je m'occupe de vous, vous irez à Aix ou à Nice, où il fait beau !

Et plutôt qu'à Strasbourg, je suis allé à Nice où m'attendait un autre tournant dont je n'aurais pas à décider. Le professeur à qui on m'avait référé me dit en effet, de sa voix pointue et sans appel :

— On n'a pas idée de traverser l'Atlantique pour un petit DEA ! Vous allez faire un doctorat !

Et je fis un doctorat, soutenu à l'Université d'Aix-Marseille parce que Nice n'était pas encore ville universitaire, sur un auteur que je connaissais à peine et auquel je n'avais certes pas songé en faisant ma demande de bourse, et dont je remarquai plus tard qu'il était né la même année que mon père... Cela m'obligeait à envisager (et à financer) une année supplémentaire de séjour à l'étranger, mais je m'en souciais peu, trop heureux de me laisser ainsi porter par le hasard. Ce diplôme m'a permis de faire une carrière universitaire à laquelle je n'avais pas vraiment rêvé et qui a rempli toute ma vie pendant trente-trois ans. Et pourtant, rien de tout cela n'avait été prévu, planifié, décidé...

Ce fut une période faste, intense, aussi baroque que ce mélange de styles vénitien, romantique et art déco qui faisait alors le charme de Nice. Je n'étais pas là en touriste, je côtoyais les riches rentières de la Promenade des Anglais en promenant notre fils aîné dans sa poussette et, pour les balades du dimanche dans l'arrière-pays, c'est dans notre petite deux-chevaux poussive que nous croisions les Mercedes et les Jaguar. Je découvrais cette « vieille Europe » à la fois étrangère et familière, où je faisais figure de parent pauvre. Je l'avais bien vu lors de notre arrivée à Nice où, d'un cousin à l'autre dans la filiation du hasard qui me guidait, nous fûmes reçus à dîner dans une famille de la plus vieille bourgeoisie niçoise. À table ce soir-là, nous apprîmes beaucoup de choses : que de Gaulle était un « assassin », que la famille possédait plusieurs villas – peut-être nous en prêteraient-ils une ? – et que leurs fermiers leur apportaient fruits et légumes frais, et que si le maître de céans se prénommait Ernest, c'était en l'honneur de son grand-père, lequel avait été baptisé Ernest par reconnaissance envers une comtesse allemande du nom de von Ernst grâce à qui, sortant un soir de l'Opéra du Vieux-Nice, il avait pu échapper aux armées de Napoléon en se cachant dans ses fourrures! Nous étions loin de Tours, de Paris ou de Bordeaux, mais j'avais le sentiment – cela se trouvait donc ailleurs que dans les livres? – de tomber dans une famille balzacienne retouchée par Mauriac. Et je notai que dans cette famille qui ne semblait retenir que les hauts faits des hommes en qui toute autorité était en principe concentrée, les femmes pouvaient exercer un pouvoir certain. Lorsqu'il fut question de nous prêter la villa de Fabron, c'est la douairière qui s'y opposa en disant: «Mais où irons-nous à Noël si ces gens y sont?» Ils gardèrent donc leur villa de Noël, et nous dûmes chercher à nous loger ailleurs. Dix ans plus tard, j'ai appris que cette villa avait, lors des événements d'Algérie, servi de cache d'armes pour l'OAS... J'appris aussi que ce collègue d'origine française qui était à l'origine de ma merveilleuse aventure avait été condamné, à la fin de la guerre, comme collaborateur du général Pétain... Ces pères d'occasion, traînant avec eux plus de quartiers de noblesse que je n'aurais jamais pu imaginer, n'étaient guère que des charognards: derrière tous ces Vautrin se cachait un Trompe-la-Mort.

PAPA,
JE T'AIME

Assise en face de moi dans mon bureau, une étudiante aux longs cheveux luisants comme une soie noire, de grands anneaux de gitane pendus aux oreilles.

— Croyez-vous en la réincarnation ?

À part un léger plissement de la lèvre qui suggère un possible humour (ou un peu de gêne, je ne sais), son air me paraît le plus sérieux du monde. Comment répondre à une question aussi bizarre, pour le moins inattendue ? Je devrais peut-être éclater de rire et lui dire que ça ne la concerne pas ; je n'ai pas l'habitude d'étaler mes croyances personnelles devant mes étudiants, qui de toute façon s'en fichent éperdument. Ça me rappelle une rencontre avec une romancière à qui un étudiant avait demandé si elle croyait en Dieu. Elle avait simplement répondu « Et vous ? » et on en était resté là. Je pourrais faire de même et lui demander de m'exposer son problème. En temps normal, c'est ce que je ferais mais, depuis un certain temps, ma vie est constamment investie par des questions insolites, troublée et déstabilisée par des propos irrationnels. Si l'ange libérateur existe, ce pourrait être elle...

— Vous savez, mademoiselle, je trouve étrange que vous me posiez une telle question. Vous me l'auriez posée la semaine dernière que je vous aurais répondu par un non catégorique et un grand éclat de rire. Aujourd'hui, je ne suis plus sûr de rien – et donc de ne pas y croire. Avec tous ces phénomènes surnaturels qui font assaut contre ma cuirasse rationnelle, je pourrais en venir à croire en ma propre réincarnation !

Je trouvais ma réponse astucieuse, juste mais prudente, invitant au dialogue sans aller jusqu'à la confidence. Elle me dit alors :

— Peut-être vous ai-je mal compris. L'an dernier, vous nous avez un jour cité un poète romantique anglais qui a écrit : « *The child is father to the man* ». C'est une phrase qui m'avait beaucoup marquée à l'époque : je venais de perdre ma mère et cette pensée m'avait consolée. Je ne sais pas comment vous dire, mais je l'ai réenfantée en moi. Alors j'ai su qu'elle ne mourrait vraiment qu'avec moi. Mais à ce moment-là, que deviendra-t-elle ? Que deviendrai-je ?

J'aurais eu envie de tordre le cou au professeur que je suis, dont les maladresses peuvent à son insu troubler ainsi une pauvre et ravissante jeune fille ! Mais un mot lâché ne peut se rattraper. Je lui ai donc expliqué qu'elle avait donné à cette phrase un sens que je n'avais pas prévu en la prenant au pied de la lettre, que j'ignorais si ce poète croyait lui-même en la métempsycose et qu'il avait voulu exprimer par là une chose beaucoup plus simple et ordinaire : le sentiment que peut éprouver un père, par exemple, de se réaliser à travers son enfant.

Je lui fournissais une réponse dictée par le bon sens, qui n'avait rien à voir avec cette histoire que je démêlais fort mal, mais qui me plongeait dans une grande angoisse. La veille même (je ne l'aurais surtout pas avoué à mon étudiante), en traversant le parc Marcil en direction de la rue Sherbrooke, j'avais en effet eu une sorte de vision : vision d'un jeune homme au teint foncé en qui j'aurais juré reconnaître les traits de mon père. J'en avais été si troublé que j'avais suivi le jeune homme jusqu'au métro Vendôme. Ma poursuite insensée s'arrêta à la porte de la station, comme si j'avais pris alors conscience que le tunnel dans lequel il allait pénétrer ne pouvait qu'être l'image de mon inconscient dont il était une pure création. Je n'avais pas, pour autant, retrouvé ma sérénité, n'arrivant pas à démêler cette contradiction du fils devenu père de son père, le temps d'une hallucination. Oui, la question de la réincarnation (que je ne m'étais pas posée) apportait à ce mystère un semblant de solution, ou d'explication. Mais peut-être étais-je tout bonnement en train de perdre la raison ; cette histoire, peut-être aussi ne l'avais-je pas vécue, mais simplement rêvée.

À la vérité, cet épisode loufoque illustrait une seule chose : le cheminement souterrain et largement inconscient, pendant plus de vingt ans (c'est-à-dire depuis la naissance de notre premier enfant), d'une sorte de névrose de la paternité. Avant même notre mariage, ma femme et moi avions choisi les prénoms du premier garçon et de la première fille et nous étions, l'un et l'autre (mais sans doute pas pour la même raison), d'accord pour faire sans retard le premier enfant. Sans savoir encore que s'exprimait sans doute de cette façon l'envie éprouvée par le mâle de porter lui aussi un enfant, j'ai cherché à vivre pleinement cette première grossesse. Nous avions acheté et lu ensemble le livre de Laurence Pernoud, *J'attends un enfant*, où j'avais appris les différentes étapes du travail, jusqu'à finir par croire que j'éprouverais moi aussi les douleurs de l'accouchement. J'avais compris qu'il y avait deux étapes distinctes précédant la naissance – celle de la contraction et celle de la dilatation –, chacune ayant sa propre respiration. Le moment venu, j'eus un moment de panique : comment savoir quand on passe d'une étape à l'autre ?

— Idiot, me dit ma femme, je vais le sentir !

Dur choc de la réalité, pour moi qui touchais ainsi la limite de mon empathie, laquelle prenait sa source dans un livre et non dans ma chair ! Je l'aurais touchée davantage si l'accouchement avait été difficile, l'homme ayant tendance à répondre par la violence aux assauts de la douleur ; Yves Thériault a admirablement décrit tout ça dans *Agaguk*. Mais tout s'est passé rapidement, dans la grande sérénité d'une nuit de juin. Nous avons vécu ensemble l'éclatement de la naissance et nous avons dit ensemble, en regardant d'abord le petit dont le médecin s'apprêtait à nouer le cordon ombilical, puis en se regardant l'un l'autre : François. Mon premier fils était né ; j'étais devenu père.

La naissance d'un enfant constitue évidemment un moment sublime mais, comme la mort, elle est d'une désarmante simplicité. J'ai nommé mon enfant par son nom dès son premier souffle de vie : ce fut l'instant sublime de communion entière à un événement merveilleux et sacré, car j'avais pleinement conscience à cet instant précis que, comme il est dit dans la Bible, nommer quelqu'un, c'est en prendre possession. Prise de possession très symbolique, bien sûr, puisqu'on n'est jamais le possesseur de son enfant. Il s'agissait plutôt, pour moi, d'un rituel de reconnaissance de paternité, comme celui par lequel, dans l'Antiquité, un homme devenait père en prenant son enfant sur ses genoux : le verbe « engendrer » tire son étymologie de ce geste rituel, venant du terme grec signifiant « genou » et non d'un mot désignant la copulation. Ce geste aussitôt accompli, j'eus ce réflexe étrange de m'assurer que l'enfant avait bien ses dix doigts et ses dix orteils ; rassuré, je trouvai absolument merveilleux que mon enfant soit normalement constitué ! Ma femme, elle, ne fut rassurée qu'après l'avoir entendu pleurer ; il pleura avec force et notre joie fut complète. Entre ma femme et moi un grand sourire flottait. Je lui dis merci. Elle : je t'avais bien dit que ce serait un garçon !

Installés temporairement chez une amie, car nous avions dû céder notre appartement en prévision du départ prochain vers la France, les premiers jours furent difficiles. Finie la grande liberté des jeunes couples qui peuvent à cinq minutes d'avis décider d'aller au cinéma ou simplement faire une petite promenade d'amoureux : il fallait désormais tenir compte des besoins de ce petit être dont les heures de tétée, les coliques et les pleurs réglaient désormais nos horaires, de jour comme de nuit. Autant je chérissais cet enfant, autant je me rebiffais contre cette tyrannie qu'il m'imposait. N'éprouvant que peu de plaisir à pouponner, j'ai tout de suite eu hâte de pouvoir dépasser l'étape des guili-guili, pour établir un véritable contact avec lui, comme avec ceux qui l'ont suivi : hâte de les voir marcher, parler, lire et écrire. Je me dis aussi que, n'ayant pas été très porté vers les sports, je devais m'assurer qu'ils aient les moyens de les pratiquer s'ils le souhaitaient : il fallait donc (c'était ma responsabilité de père) que je leur apprenne aussi à nager et (alors que mes patins qui me faisaient toujours mal aux pieds étaient accrochés depuis longtemps) à patiner. C'était l'époque où commençait la vogue du ski de fond ; je décidai de m'y mettre, pour être en mesure d'initier mes enfants à ce sport qui m'a aussitôt passionné et qui est demeuré, avec la natation, le sport familial le plus pratiqué. J'ai vécu avec beaucoup d'émotion toutes les étapes de ces activités récréatives, depuis l'initiation – les chutes mémorables, les colères de l'un ou l'autre qui n'arrivait pas à maîtriser la technique en montée – jusqu'à la griserie des descentes plus difficiles et aux compétitions avec le père, qu'ils ne tardèrent évidemment pas à dépasser, ce qui, pour moi, constituait la récompense ultime.

L'amour parle

Comme la plupart des hommes, je parle peu. Mes enfants ont cependant appris très jeunes à décoder, en les associant à la figure du père plutôt que de la mère, les autres langages qui maintenaient ouverte la communication : le regard (moqueur, approbateur et fier ou réprobateur), les gestes, les silences eux-mêmes dont les enfants apprennent vite le sens variable. C'est tout cela qu'ils appelaient, avec un humour dont je riais avec eux, « le célèbre non-verbal de papa », formule probablement inventée par l'aîné et vite devenue, entre nous, la taquinerie la plus constante et le signe le plus sûr d'une complicité amoureuse. Complicité variable d'un enfant à l'autre et d'un âge à un autre et qui n'excluait pas les tensions, les crises, les affrontements. Jamais, cependant, mon amour pour eux n'a été mis en doute, ni leur amour pour moi. À tour de rôle, me semble-t-il, je tombais amoureux de l'un ou de l'autre, dont la pensée m'occupait à cœur de jour, alors que je circulais en voiture ou que je travaillais à mon bureau. Je savais, en tout cas, qu'il fallait éviter le comportement typique de l'homme québécois qui ne manifeste pas assez son affection pour ses enfants. De passage à Paris il y a quelques années, mon fils aîné y trouva et m'envoya une carte postale fort jolie disant simplement « Papa, je t'aime ». Ni lui ni moi n'avions jamais eu besoin d'une carte postale pour nous dire notre amour, et c'est pourquoi cette carte m'a tant touché. Elle me disait justement : papa, je n'ai pas besoin de ça pour te le dire, mais l'occasion m'en étant fournie, je prends plaisir à faire comme si je n'avais jamais osé te le dire autrement. Le fait qu'il m'ait adressé cette carte (sous enveloppe, pour déjouer toute indiscrétion) à mon bureau plutôt qu'à la maison soulignait d'un double trait le rapport privilégié entre père et fils, comme s'il me disait aussi : ne le dis pas à maman, cette fois c'est pour toi tout seul !

Comment ai-je pu ne pas penser, en recevant cette carte, au « Popa, j't'aime » que Serge crie à son père sourd, dans *Bonjour, là, bonjour* ? J'avais pourtant, plusieurs années plus tôt, publié une analyse de cette œuvre, une analyse que m'a remise en mémoire un ami, tout récemment. J'y notais « la complémentarité nécessaire de l'amour incestueux de Serge pour Nicole et de son dialogue amoureux avec son père ». Et j'ajoutais ceci, qui me trouble à la relecture : « l'un et l'autre remontent à l'enfance comme pour corriger un parcours erratique et le recommencer ». Il me semble aujourd'hui que cette affirmation était moins justifiée par l'œuvre que dictée par mon propre inconscient. Car je partais de l'observation (évidente) que le père et le fils étaient jusqu'alors « les deux grands absents » d'un corpus dominé par les femmes et les travestis, un univers au-delà duquel il fallait lire, ajoutais-je encore, « une obscure recherche du père par le fils ». J'avais vu juste, mais il faudra attendre *Le vrai monde?* pour en trouver une démonstration claire. Par une sorte d'intuition je l'avais compris, mais c'est parce que, sans doute, je projetais dans celle de Serge ma propre quête « obscure », en confondant le père sourd et le père endormi. Cela soulève aussi l'épineuse question des possibles interférences entre l'inconscient des critiques et la froide analyse d'une œuvre ; mais cela, c'est un autre débat !

« Quelle que soit la façon dont vous élèverez vos enfants, vous les élèverez mal », aurait dit Freud. Le seul modèle auquel je pouvais me référer était féminin et maternel, mais je n'avais pas l'impression d'avoir été « mal élevé » pour autant, ce qui fait que je trouvais étrange, en regardant autour de moi, que la plupart des jeunes parents semblent déterminés à ne pas élever leurs enfants comme eux-mêmes l'avaient été. Notre époque demandait plus de liberté, moins de tabous et ceux de ma génération, sans refuser de se définir en tant que parents, trouvaient plus moderne d'habituer leurs enfants à les appeler par leur prénom. Là-dessus au moins, je ne pouvais être d'accord puisque je tenais à assumer le plus totalement possible mon rôle de père et, en conséquence, je voulais qu'on m'appelle du nom que je n'avais jamais su dire à mon père : papa. Et si je voulais bien que mes enfants grandissent dans une certaine liberté, je savais aussi que toute liberté est relative et qu'il en va de la responsabilité des parents – et au premier chef du père – d'indiquer les limites entre lesquelles elle peut s'exercer.

« Éduquer » se dit en anglais *to bring up* et, en jouant sur les éléments de ce verbe, les psychologues américains précisent qu'éduquer un enfant, c'est *to bring him up and away* : le rendre autonome, pour qu'il puisse à son tour quitter le nid familial. Principe sain et de bon sens, que j'avais vu mis en pratique par ma mère qui considérait que sa responsabilité d'éducatrice cessait le jour même où son enfant devenait adulte : à partir d'aujourd'hui, disait-elle, faites toutes les sottises que vous voudrez, vous en supporterez seuls les conséquences et ça ne me concerne plus... Sauf que, si l'on veut que ça se passe bien le moment venu, il faut y penser longtemps à l'avance et bien se convaincre – trop de parents n'y arrivent pas – qu'un enfant n'appartient qu'à lui-même. C'est toute l'éducation qui doit être une préparation au départ, un détachement progressif. Du reste, tout jeune papa apprend vite que rien ne remplit davantage de fierté son jeune enfant que lorsqu'il peut dire : « Regarde, papa, je l'ai fait tout seul ! » Et parce que j'avais bien observé cela, j'ai banni à jamais tout système de récompense pour la réussite scolaire : la récompense de la réussite, l'enfant doit la trouver dans la réussite elle-même, non dans la satisfaction qu'en éprouveront les parents.

* * *

Je me suis très tôt convaincu que bien jouer mon rôle de père était l'affaire de ma vie, celle qu'il ne fallait surtout pas rater. Et lorsque survenait un échec dans ma vie professionnelle, je me disais que ma carrière de père, elle, je l'avais réussie ; j'établissais ainsi entre ma vie familiale et ma vie professionnelle un rapport d'opposition aussi nocif que factice. Je ne faisais que nourrir ainsi le sentiment d'échec qui rampait en moi et qui entraînerait la dépression lorsque, comme une baudruche, mon auréole de paternité se dégonflerait. En opposant l'une à l'autre mes deux vies, mes deux carrières, j'instituais entre les deux un système de vases communicants où tout allait finir par se brouiller.

À quel moment, à quels signes ai-je pris conscience de projeter auprès de mes étudiants l'image d'un père ? Cela s'est d'abord produit, me semble-t-il, dans le cadre du cours de première année dit de « travaux pratiques » qui, par sa formule se rapprochant du tutorat, permettait un rapport plus personnel et suivi avec chaque étudiant. Une année, l'un de ces étudiants se démarqua de telle manière par sa supériorité intellectuelle que, sans trop m'en rendre compte, j'avais transformé chaque cours en une sorte de dialogue entre lui et moi. Après quelques semaines, les autres se regroupèrent pour me signifier, avec raison, leur mécontentement: «Nous aussi, nous sommes là.» J'ai alors commencé à comprendre que je cherchais en quelque sorte des disciples, c'est-à-dire des étudiants – généralement des garçons, sans doute par crainte de confondre cet attrait avec un autre s'il s'agissait de filles – que je considérerais un peu comme des fils. Mais il se trouvait que, presque toujours, il s'agissait d'étudiants qui avaient souffert de l'absence du père; nous étions faits pour nous rencontrer dans une sorte de quête réversible du père!

Quête confuse néanmoins, ouvrant la voie à des interférences avec mon rôle d'enseignant que j'avais toujours conçu comme devant s'exercer dans la plus froide neutralité. Mais en même temps, je prenais conscience de l'impact réel, chez les étudiants, du vécu familial. Je me souviens de cet étudiant dont je n'arrivais pas à comprendre les carences en grammaire, jusqu'à ce qu'il me confie les blocages qu'il rencontrait avec son père et qu'il surmontait grâce à son grand-père à qui il pouvait se confier, mais qui venait de mourir. J'ai senti qu'en venant me confier sa petite histoire personnelle il me demandait en quelque sorte de remplacer le père ou le grand-père absent; cela avait apparemment suffi pour que, du jour au lendemain, ses carences disparaissent. Avec les candidats ou candidates au doctorat, il me semble que la situation était plus claire. C'est à ce niveau que peuvent naître de véritables amitiés, alors même que le rôle «paternel» du directeur est particulièrement (et par nécessité) sensible, sur une longue durée. J'ai cependant noté que, même à ce niveau où l'écart d'âge est réduit et où la relation professionnelle prend forcément une dimension personnelle, c'est avec ceux ou celles qui cherchaient un père de substitution que j'ai pu développer une relation amicale durable. L'un d'eux, à la mort de son père, est venu me dire : « Désormais, c'est toi mon père. »

L'envers de cette quête, c'est à la fois qu'elle n'est jamais comblée et qu'elle implique un possible rejet – réel ou imaginé. Le meurtre symbolique du père, j'en ai été victime une première fois lorsque cet étudiant avec qui j'entretenais depuis sa première année une relation amicale privilégiée disparut en abandonnant une maîtrise presque terminée. Nous nous sommes retrouvés plusieurs années après, avec un énorme plaisir ; il m'a alors avoué que son geste avait été conscient, un geste de libération nécessaire. Je l'avais tout à fait compris, c'est pourquoi je ne pouvais lui en vouloir ; j'en ai cependant été ébranlé, et affecté bien au-delà de cette relation particulière. Finie la tranquille et inconsciente assurance ; je n'étais désormais plus sûr de rien ! À investir ainsi son rôle de professeur d'une figure paternelle, on s'expose à de multiples échecs qui s'insinuent sournoisement dans l'inconscient. Les échecs de ses étudiants deviennent ceux du père-professeur qui a été incapable de bien les guider. Et d'une manière insidieuse qui défie toute logique, tout ce qui affecte le professeur infecte le père. Combien de fois m'étais-je répété qu'au moins j'avais réussi ma vie de père. Or même cela ne me semblait plus acquis et, regardant mes enfants mener leur vie d'adultes, je prenais conscience de la prétention énorme qu'il y a à penser qu'on a été un bon père. Le sentiment d'échec tenait moins à tel ou tel événement précis qu'à tous les projets non réalisés, comme autant d'enfants que je n'avais pas faits. Les petites réalisations dont j'avais pu tirer satisfaction, à qui avaient-elles été utiles? Qui avait lu mes livres? Quant aux enfants, il me semblait qu'ils avaient réussi leur vie malgré toutes les erreurs que j'avais pu commettre et, surtout, malgré tout ce que j'avais négligé de faire pour leur ménager un destin enviable. De toute façon, les parents ont une influence beaucoup moins grande qu'ils ne le croient sur le destin de leur enfant: c'est chaque enfant qui se le façonne, qui construit à son tour sa maison.

Le véritable bilan, c'est avec la lecture du testament qu'il peut se faire. La pensée de la mort me hante depuis longtemps, au point de m'amener parfois à fantasmer sur mes propres funérailles, où je m'imagine observant ceux qui pleurent et ceux qui rient, ceux qui m'aimaient et ceux que ma mort laisse indifférents. Plus jeune, lorsque des pensées de mort m'assaillaient, je me raccrochais à l'idée que je ne devais pas mourir parce que mes enfants ne le supporteraient pas: peut-on imaginer preuve d'amour plus grande que celle-là? Ils ont maintenant grandi et j'ai atteint l'âge où on s'étonne de moins en moins chaque année de voir mourir quelqu'un. J'envisage donc cette échéance avec une sérénité plus grande et je sais que, dans la boîte, il y aura un enfant de trois ans attendant le réveil de papa : un très vieil enfant tout entier défini, désormais, par sa paternité. Il y a quelque temps, je me suis amusé à écrire une nouvelle que je situais le jour du premier anniversaire de ma mort, laquelle était évidemment survenue durant l'hiver. J'ai imaginé que ce jour-là mes enfants se retrouvaient pour faire ensemble en ski la fameuse piste des collines à Oka que j'ai tenu à faire rituellement chaque année avec eux. C'est en arrivant au refuge du sommet, seulement, qu'ils prenaient conscience du rituel commémoratif qu'ils accomplissaient.

L'accompliront-ils un jour ? Il me suffit de penser qu'ils le feraient. Cette inscription amoureuse sur mon tombeau est totalement inventée, mais je la sais profondément vraie.

POST-SCRIPTUM

LE VIEUX MONTAIGNE disait : « Chaque homme porte la forme entière de l'humaine condition. » S'il n'en était obscurément convaincu, consciemment ou non, quel écrivain songerait à publier ce qu'il a écrit seul face à lui-même, souvent dans le seul but de mieux se comprendre ? Si je n'avais moi-même su que « l'intime est une plus sûre voie vers l'universel que le général* », je n'aurais pas songé à publier ce récit qui, au départ, n'intéressait que moi seul. Le hasard a voulu que, au moment de mettre la dernière main à ce texte, je lise deux romans d'auteurs québécois venus d'ailleurs – l'un d'Haïti, l'autre du Togo – qui racontaient, chacun à sa manière, une quête du père. Cela a fini de me convaincre : au-delà de la mort, chaque homme cherche à dénouer ces liens aussi mystérieux que profonds qui le rattachent à son père.

Ce faisant, c'est moins la figure du père qui apparaît que celle d'un autre moi, à la fois semblable et différent. Cet homme se retrouve lui-même, il se met à distance et se regarde agir, parfois tel un pantin un peu maladroit, toujours avec un certain malaise. Le mal

* Georges MAY, *L'autobiographie*, Paris, PUF, 1979, p. 109.

de père n'est pas autre chose qu'un manque radical, que le sentiment de ne jamais pouvoir se réaliser pleinement. Mais quel homme n'a jamais éprouvé tel sentiment ? C'est cela, sans doute, « l'humaine condition ». Tout simplement, peut-être, parce que nous nous percevons comme des dieux déchus.